INSTRUCTION

SUR

LES ÉTUDES PRÉPARATOIRES

A L'ÉCOLE POLYTECHNIQUE

NOUVEAU PROGRAMME, NOUVEAU MODE D'EXAMEN.

Extrait du rapport de la Commission, nommée en exécution
de la loi du 3 juin 1850.

PARIS.

IMPRIMERIE DE JULES DELALAIN

IMPRIMEUR DE L'UNIVERSITÉ

RUES DE SORBONNE ET DES MATHURINS

Décembre 1860

INSTRUCTION

SUR

LES ÉTUDES PRÉPARATOIRES

A L'ÉCOLE POLYTECHNIQUE.

NOUVEAU PROGRAMME, NOUVEAU MODE D'EXAMEN.

Extrait du rapport de la Commission, nommée en exécution
de la loi du 5 juin 1850.

PARIS.

IMPRIMERIE DE JULES DELALAIN

IMPRIMEUR DE L'UNIVERSITÉ

RUES DE SORBONNE ET DES MATHURINS.

Décembre 1850.

Ces instructions sont extraites du rapport de la Commission, nommée en exécution de la loi du 5 juin 1850, pour la révision des programmes d'admission à l'École polytechnique et de ceux d'enseignement de ladite École. — Nous avons pensé que ce document officiel serait utile à MM. les professeurs des Cours préparatoires et aux candidats, afin de leur faire connaître la meilleure direction à donner aux études. Ces extraits ont été textuellement réimprimés d'après le rapport officiel, sans y rien changer ; ce qui expliquera à nos lecteurs la forme même sous laquelle ils leur sont présentés.

Chacune des sous-divisions du programme des connaissances exigées peut devenir la matière de traités spéciaux d'une étendue presque indéfinie, pour peu que l'on veuille recueillir tout ce qui a été dit ou écrit, tout ce qui peut se dire ou s'écrire sur le sujet de cette sous-division, envisagé sous toutes les faces et dans tous les problèmes où l'on peut s'en occuper. Est-ce qu'il serait utile, est-ce qu'il serait sain de charger l'esprit des élèves d'un tel fatras d'observations vaines, d'arguties puériles, de difficultés oiseuses? Non, sans doute. Cependant, s'il arrive parfois qu'un examinateur se laisse entraîner à poser quelques questions de cette espèce, il devient inévitable que des compilateurs, et qu'à leur suite les institutions qui font profession de préparer des candidats à l'École, s'ingénient à les prévoir toutes, les réunissent en corps d'ouvrage, et en fassent l'objet d'un enseignement spécial; ET, DÈS LORS, DE PAUVRES JEUNES GENS SONT ASTREINTS A APPRENDRE TOUT CELA !

TABLE DES MATIÈRES.

DU MODE DES EXAMENS D'ADMISSION.

ÉTUDES PRÉPARATOIRES

A L'ÉCOLE POLYTECHNIQUE.

Après avoir exposé les principes suivant lesquels l'enseignement doit être dirigé, nous devons en faire l'application, soit à cette instruction qui convient à tous les hommes, et dont les ingénieurs ne doivent point être dépourvus, soit à l'instruction spéciale à leurs services. Nous avons vu que les connaissances générales avaient été trop sacrifiées aux études spéciales, et qu'il serait nécessaire de donner un peu plus de développement aux premières; nous n'y pourrons arriver qu'en élaguant des études scientifiques quelques points au moins inutiles. Il ne faut pas oublier que les jeunes gens doivent être reçus à 20 ans au plus tard; et que, tout en reconnaissant que les programmes sur lesquels on les interroge étaient trop chargés, on n'a cependant cessé de les accroître : en sorte que si nous augmentons sur quelques points, il nous faudra ôter sur un plus grand nombre. On remarquera toutefois que la presque totalité des matières que nous ajouterons, étant d'une nature différente de celle qui constitue l'instruction spéciale, et accessibles aux jeunes gens avec moins d'efforts de leur part, elles seront pour eux, au milieu de leurs études abstraites, plutôt un délassement qu'une fatigue.

Nous n'ignorons pas que si nous enlevons des programmes d'admission, des exercices difficiles qui ne sont pas entendus même de la majeure partie des élèves reçus à l'École polytechnique, on ne manquera pas d'objecter que nous ôtons aux examinateurs le moyen de découvrir facilement les élèves forts, au milieu du nombre considérable de sujets qu'ils ont à examiner. Mais d'abord, cet argument, qu'on a l'habitude de faire valoir en pareil cas, est complétement inexact. Tous ceux qui ont été dans l'instruction, savent très-bien qu'il n'est nullement besoin de ces questions ardues pour juger un élève ; l'exemple des examinateurs qui n'y ont pas recours, et dont le classement est tout aussi sûr, est une réponse péremptoire à cette prétendue difficulté. En outre, s'il était réellement nécessaire de maintenir aux cours, à cause de la concurrence, une étendue très-considérable, eu égard à l'âge des candidats, il vaudrait assurément mieux introduire dans l'admission quelques-unes des questions délicates des cours intérieurs, et en décharger ceux-ci, plutôt que d'égarer l'esprit des élèves dans des théories abstraites, difficultueuses, et qui ne servent guère, même à ceux qui cultivent les sciences pures.

Aux raisons que nous avons données pour prouver qu'il fallait réduire convenablement les matières de l'instruction préparatoire, nous en ajouterons une dernière qui est d'une haute importance. Les élèves qui travaillent pour l'École polytechnique ne réussissent pas tous à y entrer. La majeure partie d'entre eux retourne dans la société après avoir reçu l'enseignement préparatoire. Or, si cet enseignement était hors de la portée du plus grand nombre, on conçoit quel dommage il en résulterait pour ces jeunes gens et pour le pays. Ce serait assurément une mauvaise mesure d'administration publique, que de sacrifier ainsi ceux qui restent en dehors de l'École à ceux qui y entrent, lors même qu'il en résulterait un léger avantage pour ces derniers ; et il est loin d'en être ainsi.

I. Instruction littéraire.

L'École polytechnique, dans les premiers temps, n'exigeait de ses candidats aucune instruction littéraire. Dans la séance du 15 brumaire an IX, un membre du Conseil de perfectionnement demanda qu'on leur imposât l'obligation de prouver qu'ils savaient la langue française et la langue latine; un autre membre réclama qu'on y joignît la littérature française et surtout l'orthographe. L'importance des fonctions auxquelles sont destinés les élèves de l'École dans les services publics, fonctions dans lesquelles ils auront continuellement à écrire, soit pour développer les qualités des projets qu'ils auront à proposer, soit pour combattre les objections qu'ils devront réfuter; et, d'un autre côté, la nécessité de rappeler aux parents les avantages d'une éducation libérale, légitimaient, disait-on, cette proposition. Le Conseil jugea cependant qu'il ne pouvait l'admettre, et que les circonstances permettaient seulement d'ajouter aux programmes, *que les candidats seraient tenus d'écrire, sous la dictée de l'examinateur, quelques phrases françaises, pour constater qu'ils savaient écrire correctement leur langue.*

Une nouvelle tentative, faite en l'an XII, en faveur de l'introduction de la langue latine, ne fut pas plus heureuse. Après une mûre délibération, dans laquelle toutes les opinions furent successivement examinées, le Conseil arrêta qu'on s'en tiendrait à la précédente décision. Ce fut le Conseil de l'an XIV qui décida l'introduction du latin. « A partir de 1807, est-il dit dans son rapport, les candidats seront tenus de posséder assez de latin pour expliquer les Offices de Cicéron. Les écoles actuelles permettent d'exiger cette clause. L'ouvrage que les candidats doivent expliquer est classique, facile, et ne contient, dans les idées ni dans les termes, rien qui soit étranger aux premières leçons que les parents doivent à l'enfance. Enfin, les langues anciennes, nécessaires pour approfondir la nôtre, pour servir de comparaison dans l'étude de la grammaire, et former notre goût par la lecture des bons modèles, sont, dans l'ingénieur qui les possède, le signe de l'éducation libérale qu'il doit montrer dans ses rapports, et la source du plus noble délassement qui puisse varier ses travaux. Le temps indiquera les améliorations que le programme peut encore recevoir; mais ces améliorations tiennent à celles des établissements consacrés à l'instruction publique. »

Depuis lors, on a souvent et vivement agité la question de savoir si l'on ne devrait point exiger des candidats, qu'ils fussent bacheliers ès lettres. L'affirmative ne faisait point de doute, en 1842, pour le ministre de l'instruction publique, qui réclama du Conseil de perfectionnement, par l'intermédiaire du ministre de la guerre, une décision conforme. Mais il ne put l'obtenir, et cette prétention fut rejetée par le Conseil, à une immense majorité. En 1845, cependant, on s'arrêta à un moyen terme; on décida que le grade de bachelier serait compté à ceux qui le posséderaient, en ce sens que ce titre les relèverait de *cinq* rangs sur la liste générale. Ce très-minime avantage a été, jusqu'ici, maintenu au programme d'admission, avec cette modification que, tandis qu'en 1808, la version devait être de la force de celles qu'on explique *en Troisième* et *en prose*, d'après la demande d'Andrieux, le programme de 1850 stipule, que la version sera de la force de celles qu'on explique *en Rhétorique*.

Si nous laissons de côté les arguments tirés d'une certaine rivalité entre l'École polytechnique et l'Université, nous trouverons que la première objectait, avec raison, que les études pour le baccalauréat ne peuvent, en général, se terminer avant 18 ans; et que si l'on exigeait de tous les élèves qu'ils prissent ce grade, la conséquence nécessaire serait qu'il faudrait reporter à 21 ans la limite supérieure d'âge, au delà de laquelle on ne peut plus concourir pour l'admission. Or, c'est ce qui est tout à fait impossible, en présence des réclamations des services publics, qui trouvent qu'on leur livre déjà des sujets trop âgés; à ce point, qu'en 1835, l'École de Metz demandait que la limite supérieure d'âge fût fixée à 18 ans. « Personne ne contestera, répondait à ce sujet le Conseil de perfectionnement, l'avantage qui résulterait de cette disposition , si elle pouvait se concilier avec l'état actuel de l'instruction publique. Chacun sait que, dans les colléges , les études littéraires sont organisées de telle sorte que les jeunes gens ne peuvent les avoir terminées qu'à l'âge de 17 ou 18 ans, en sorte que la plupart des candidats sont forcés d'abandonner les hautes classes de littérature , pour se livrer exclusivement aux études mathématiques.

« Beaucoup de personnes très-compétentes pensent, il est vrai, que l'on pourrait abréger l'étude des langues savantes, et commencer plus tôt celle des sciences ; mais, comme il ne dépend pas de l'École polytechnique de modifier les habitudes et les règlements de l'Université, aussi longtemps que celle-ci maintiendra le régime actuellement en vigueur, on ne pourrait abaisser la limite supérieure de l'âge d'admission , sans s'exposer à perdre les sujets les plus distingués et à voir diminuer encore l'instruction littéraire des élèves. »

Le diplôme de bachelier ès lettres aurait eu l'avantage de constater que les candidats avaient, en histoire, des connaissances qu'on ne réclame point d'eux dans le mode d'admission actuel. Or, avec la commission de l'Assemblée législative , avec le Conseil de l'École des ponts et chaussées , nous voulons qu'on exige des élèves des connaissances historiques. Mais, d'une part, dans les épreuves du baccalauréat, certaines parties de l'histoire sont développées outre mesure ; et, s'il est vrai qu'il n'y aurait qu'avantage à ce que les élèves eussent ces notions étendues, il y aurait trop d'inconvénient cependant à multiplier les exigences, de manière à ne plus laisser aux élèves le temps de se livrer à leurs études spéciales , sinon aux dépens de leur santé. En outre , le grec, la philosophie, sont exigés pour le baccalauréat, et il est impossible que les aspirants à l'École polytechnique se chargent *nécessairement* de ces connaissances. Nous croyons donc que le Conseil de perfectionnement a bien fait de repousser l'introduction du baccalauréat, *constitué comme il l'est*, et que si l'on admet que les élèves aspirant à l'École polytechnique doivent avoir des connaissances historiques, il faudra procéder à l'examen direct sur ces connaissances, ainsi que sur toutes les autres branches de l'instruction.

Citons, avant d'aller plus loin, ce qui, dans les rapports des Conseils des écoles d'application, a trait à ces matières. Après les considérations que nous avons rapportées sur l'instruction générale qui convient aux candidats, le Conseil de l'École des ponts et chaussées ajoute :

« Comme conséquence des considérations présentées ci-dessus, le Conseil demande que l'on exige une plus grande somme de connaissances littéraires, historiques, géographiques, pour l'admission à l'École polytechnique.

« Le Conseil a montré suffisamment quel objet principal il a en vue, en demandant que l'on exige, à l'avenir, des candidats à l'École polytechnique et que l'on donne aux élèves, à l'École, des connaissances générales plus étendues. Il ne reviendra pas sur ce côté de la question. Mais il doit faire remarquer qu'en réalisant le vœu qu'il exprime, on s'assurera, outre le résultat précédemment indiqué, d'autres avantages également très-considérables. N'est-il pas utile que les ingénieurs, les officiers attachés aux divers services publics soient capables d'exposer avec facilité, avec netteté, les idées, les projets qu'ils sont chargés d'élaborer et de défendre, dans les épreuves successives et de jour en jour plus multipliées, que ces idées, que ces projets doivent subir ? N'est-il pas, à tous égards, convenable et nécessaire même au bien du service, que ces officiers, ces ingénieurs ne se trouvent point, dans la vie commune, inférieurs, par leur instruction générale, à la moyenne des hommes occupant une situation distinguée ? Poser ces questions, c'est les résoudre. Il n'y a donc pas lieu de s'y arrêter davantage.

« Mais en quoi doivent consister, jusqu'où doivent s'étendre les connaissances générales à exiger des élèves ? Doit-on demander le diplôme de bachelier ? Doit-on être plus ou moins exigeant en fait de connaissances de la langue latine, etc., etc. ?

« Le Conseil n'est point d'avis qu'on doive exiger le diplôme de bachelier ès lettres, par ce motif qu'il ne considère pas les garanties données par le diplôme comme suffisamment sérieuses. Il n'est pas d'avis, non plus, qu'en maintenant à l'École polytechnique le droit et le devoir d'examiner elle-même, sur toutes les matières, les candidats qui se présentent à ses examens, on adopte, pour les connaissances littéraires à exiger, le programme du baccalauréat ès lettres, attendu que, dans les matières de ce programme, il y a un choix à faire.

« Mais il désirerait que les connaissances générales, exigées désormais des candidats comprissent, en fait de langue française, de langues anciennes, d'histoire, de géographie, de cosmographie, etc., tout ce que, dans un examen sérieux, il serait à la fois utile et raisonnable de demander à un élève moyen, ayant fait des études universitaires complètes.

« On voit que le Conseil n'hésite point à se prononcer pour la continuation d'une étude approfondie du latin. Il n'entend point, par là, prendre parti dans un nouveau débat sur la question, tant de fois agitée, de la supériorité ou de l'infériorité des études classiques. Il pense effectivement que ces études ont pour résultat de former des esprits plus souples, d'un goût plus pur, d'un sentiment plus élevé. Mais ce n'est pas sur cette conviction, qui n'est point partagée par tout le monde, qu'il fonde la conclusion à laquelle il s'arrête; il la fonde principalement sur cette opinion, qu'explicitement ou implicitement il a déjà plusieurs fois exprimée, et qui, à ses yeux, a toute la valeur d'un principe, que les officiers et les ingénieurs doivent nécessairement posséder, en fait de connaissances générales, ce qui forme, dans le temps actuel, le fond commun de l'instruction des hommes de toutes professions, ayant reçu une éducation libérale.

« Le Conseil de l'École des ponts et chaussées sait qu'il a été proposé d'exiger pour l'admission la connaissance d'une langue vivante, l'anglais ou l'allemand. Il verrait sans doute avec plaisir que les candidats admis à l'École polytechnique sussent une de ces deux langues; mais peut-on manifester cette nouvelle exigence, sans excéder les limites de ce qu'on doit attendre, en fait de connaissances générales, d'un élève moyen de l'Université, et sans sacrifier aucune des autres connaissances considérées comme essentielles? Le Conseil en doute, et c'est pour cela qu'il n'exprime pas un avis formel à ce sujet.

« C'est pour le même motif qu'il ne demande pas, comme il voudrait pouvoir le faire, que les candidats admis à l'École possèdent, dès avant leur admission, des notions générales sur les principes fondamentaux de l'histoire naturelle. »

Le rapport du Conseil de l'École d'application de l'artillerie et du génie se borne, à l'égard des études littéraires, à la remarque suivante :

« A leur arrivée à l'École d'application, les élèves sont trop peu familiarisés avec les premiers éléments de la langue allemande, pour tirer des leçons qu'ils y reçoivent tout le fruit qu'on pourrait désirer. Le Conseil, considérant l'utilité incontestable de la langue allemande pour tout officier de l'armée de terre, mais considérant, d'un autre côté, combien il serait difficile de donner à l'École polytechnique plus de développement à cette branche de l'instruction, exprime le vœu que la connaissance de cette langue, ou du moins des premiers éléments de la grammaire, soit exigée pour l'admission à cette École, ainsi que cela a lieu pour celle de Saint-Cyr. »

La considération des études littéraires, imposées à différentes époques, les réflexions que nous a suggérées, dans le courant de ce Rapport, l'indispensable nécessité de ces études; enfin, les avis des écoles d'application, vont nous guider dans le choix des connaissances ultérieures à exiger des candidats, et pour la fixation des limites dans lesquelles il est convenable et nécessaire de se restreindre.

Histoire et Géographie. — Langue française.

La Commission a constamment eu pour principe, dans le choix des matières à exiger des candidats, de faire passer en première ligne les connaissances les plus utiles.

L'histoire de France sera donc étudiée par les aspirants à l'École polytechnique; ils seront plus spécialement interrogés sur les progrès de la civilisation dans notre pays, sur les phases diverses de sa gloire et de sa puissance; sur l'impulsion que la France a donnée et sur la part qu'elle a prise aux grands événements accomplis depuis quatorze siècles. C'est assez dire qu'il serait impossible de négliger l'histoire des peuples d'Europe avec lesquels la France a sans cesse été en rapport de commerce et de relations politiques, ou contre lesquels elle a soutenu de grandes guerres. Des notions succinctes sur l'histoire de nos voisins seront un complément indispensable à l'histoire de France, et sans lequel cette dernière ne pourrait être qu'imparfaitement comprise.

Le programme d'histoire commence à la décadence de l'empire romain. Les professeurs sentiront la nécessité de faire remonter plus haut leur enseignement; autrement, il en résulterait, dans l'instruction des jeunes gens, dans l'instruction surtout de ceux qui n'auraient pas étudié les langues anciennes, une lacune regrettable et difficile à combler. Il est impossible qu'on leur laisse ignorer complétement jusqu'au nom des peuples qui nous ont précédés sur la terre. Quelques mots très-rapides sur l'histoire des Juifs jusqu'à la prise de Jérusalem par Titus, sur l'histoire des Perses et des Grecs, et sur l'histoire romaine jusqu'à Théodose, formeront une introduction naturelle à l'histoire de France. Mais nous avons cru nécessaire, pour ne pas trop charger les candidats, de ne pas les interroger sur l'histoire ancienne.

Nous n'entendons pas non plus que toutes les parties du programme soient données avec le même détail : on entrera dans plus de développements à mesure qu'on se rapprochera de l'époque actuelle. Les professeurs et les examinateurs sentiront aisément qu'il ne s'agit pas de faire de nos candidats des historiens consommés, mais bien des jeunes gens convenablement instruits dans l'histoire de leur pays, et dans l'histoire des peuples voisins. Au reste ; le but que nous nous sommes proposé serait encore mieux atteint si un ouvrage spécial, rédigé avec concision et dans l'esprit qui a présidé à la formation du programme, était adopté par M. le ministre de la guerre, d'accord avec son collègue de l'instruction publique, pour l'enseignement des candidats à l'École polytechnique.

Notre programme s'arrête au règne de Louis XVI. Ce n'est pas que nous voulions, par là, engager les professeurs à terminer ainsi leur enseignement, et à ne rien dire ni du règne de Louis XVI, ni de la Révolution française, ni de l'histoire des cinquante dernières années. Ils feront bien,

t.

au contraire, d'achever leur œuvre, et de faire connaître à leurs élèves les phases diverses que notre pays a dû subir depuis la fin du xviiie siècle. Le programme ne devait contenir que les matières sur lesquelles portera l'examen, et ce que nous ne voulons pas, c'est qu'on interroge les candidats sur notre histoire contemporaine. Nous nous y opposons par un sentiment de bienveillance qu'on comprendra aisément : pour éviter aux candidats toute espèce de manifestation d'opinions politiques qui, dans ces temps de malheureuse division, pourrait leur nuire dans l'esprit des examinateurs, quelle que fût l'impartialité de ces derniers.

On ne saurait séparer l'histoire d'un peuple de la connaissance des contrées qu'il habite. Sous ce rapport, le programme d'histoire pouvant servir de programme de géographie, nous avons cru inutile d'en affecter un d'une manière spéciale à cette dernière partie des connaissances exigées.

Pour apprécier l'étude que les candidats ont pu faire de leur langue, on leur donne à traiter, par écrit, un sujet de composition. Ces exercices, qui ne pouvaient jusqu'ici se rapporter qu'à des objets mal définis et peu utiles, prendront plus d'importance si désormais l'on juge des connaissances littéraires par la composition en histoire. En demandant aux candidats de résumer avec concision un règne, une époque, et en leur accordant le temps nécessaire pour le faire avec clarté et élégance, on les obligera à s'exercer de bonne heure à mettre en ordre les matériaux d'un sujet donné et à les présenter avec netteté ; ils acquerront ainsi le talent de la rédaction, si nécessaire, et qui manque trop souvent aux ingénieurs.

Langues étrangères.

Un examen approfondi de la question a fait reconnaître à la Commission la nécessité de réclamer des candidats, conformément aux idées de la commission de l'Assemblée législative, la connaissance d'une langue étrangère. Cette mesure n'est pas moins indispensable au point de vue de l'instruction générale qu'à celui des besoins des services publics. Si le Conseil de l'École des ponts et chaussées insiste moins sur ce point, c'est que, peut-être, la possession de la langue allemande, notamment, est moins indispensable aux ingénieurs des ponts et chaussées qu'à ceux des mines ou aux officiers de l'artillerie et du génie. En revanche, le Conseil de l'École de Metz ne paraît pas même supposer qu'on puisse mettre en doute l'existence de l'enseignement de la langue allemande, et ses recommandations portent uniquement sur ce qu'il voudrait qu'on la sût mieux en arrivant à Metz.

L'École d'état-major fait remarquer, de son côté, que les élèves venant de l'École polytechnique, et qui, lors de leur sortie de l'École d'état-major, occupent un bon rang, sont cependant dans un état d'infériorité par rapport à ceux qui viennent de Saint-Cyr, pour ce qui concerne la langue allemande et la géographie, dont l'étude ne fait l'objet d'aucune leçon à l'École polytechnique.

Aux raisons particulières qui commandent d'exiger des élèves la connaissance d'une langue étrangère, vient se joindre une raison, plus générale, d'intérêt public, et que nous ne devons pas omettre. On ne peut nier en effet que les Français ont, à l'égard des autres peuples, une véritable infériorité, sous le rapport de la connaissance des idiomes étrangers. Les Allemands instruits savent, en général, le français et l'anglais; les Anglais instruits savent le français et l'allemand; tandis que la grande majorité des Français instruits ne savent ni anglais ni allemand. On comprend facilement quel désavantage il en résulte pour nous, dans nos relations avec les peuples étrangers. Deux causes, malheureusement, tendent à accroître de plus en plus ces inconvénients.

Autrefois, beaucoup d'ouvrages d'art et surtout de sciences, publiés à l'étranger, s'écrivaient en français; la correspondance s'effectuait dans notre langue. Cet usage se perd chaque jour; et, par une susceptibilité que nous devons comprendre et respecter, chaque peuple tient à faire un usage complet de son propre idiome. Cela n'empêche pas que les ouvrages publiés en Allemagne sur les arts et les sciences soient immédiatement connus en Angleterre, tandis qu'ils ne parviennent à s'introduire en France qu'après une traduction, qui se fait attendre souvent bien des années.

Le développement des chemins de fer, en facilitant les communications matérielles, rend chaque jour plus urgente la vulgarisation, en France, des idiomes des pays voisins. Cette vérité est si généralement sentie, qu'on prévit bien, il y a quelques années, que l'ouverture des chemins de fer ne tarderait pas à trancher la difficulté, si longtemps débattue, de l'introduction de l'étude des langues étrangères dans les établissements de l'Université. Aujourd'hui, effectivement, cette réforme est en voie de s'accomplir, et si elle n'a pas été jusqu'ici aussi large qu'on eût pu le désirer, on a toutefois commencé à enseigner l'anglais et l'allemand : on fera mieux plus tard. Serait-il donc admissible que l'École polytechnique, dont les élèves ont un si grand besoin des langues étrangères, ne suivît pas ce mouvement, elle qui jusqu'ici avait été habituée à donner l'impulsion ? Nous ne le croyons pas. D'ailleurs, en demandant, comme nous le ferons plus loin, que les services publics apprécient eux-mêmes la capacité des sujets qu'on leur envoie, nous avons, par là même, contracté l'obligation absolue de donner à nos élèves une instruction conforme aux exigences de ces services, et cette seule considération suffirait pour trancher la question.

Deux systèmes ont été débattus dans la Commission. Suivant le premier, on exigerait des candidats qu'ils sussent parler couramment une des trois langues suivantes, à leur choix : allemand, anglais ou italien. Dans le second, on exigerait des candidats qu'ils sussent nécessairement l'allemand.

En laissant aux candidats le choix entre l'allemand, l'anglais et l'italien, on aurait l'avantage de rendre peut-être plus facile la mise à exécution de la mesure, et, en outre, de ne rien faire qui eût l'apparence de donner quelque privilége aux élèves d'une partie de la France, sur ceux de toute autre. Ainsi, dans le nord et le nord-ouest, on serait plus porté à apprendre l'anglais ; dans l'est, l'allemand ; dans le sud-est, l'italien ; et on aurait laissé chacun libre de se livrer à son penchant naturel ou aux habitudes de son pays. Mais, à cet avantage unique, répondaient plusieurs inconvénients très-graves.

On ne pouvait se borner à demander aux candidats de connaître les simples *éléments* de l'une de ces trois langues; car alors il eût fallu en achever l'étude au sein même de l'École polytechnique, en y constituant autant de chaires différentes, ce à quoi on ne pouvait songer; et cependant, en abandonnant, aussitôt après ces éléments, l'étude de la langue qu'ils auraient choisie, les élèves n'auraient pas tardé à perdre toute trace de ce qu'ils eussent précédemment acquis. On était donc forcément conduit à exiger que les candidats eussent de l'anglais, de l'allemand ou de l'italien, une connaissance et un usage assez complets, pour qu'ils ne pussent les perdre, même en l'absence de toutes leçons ultérieures.

Mais, d'abord, il eût été très-difficile de faire examiner les candidats en province sur l'une quelconque de ces trois langues, et de constater qu'ils en possédaient l'usage complet. Il est, en outre, aisé de comprendre que, les frontières de l'Allemagne et du Piémont exceptées, dans tout le reste de la France, les candidats se seraient portés de préférence sur l'anglais, comme sur la langue la plus facile. En sorte que cette extrême latitude laissée aux candidats, aurait eu pour résultat général l'étude de la langue anglaise. Or, tel n'est pas le but qu'il s'agit d'atteindre; les trois quarts des élèves étant destinés à entrer dans l'armée de terre, qui réclame, avec raison et avant tout, la connaissance de l'allemand.

Nous savons que le cours de langue allemande a disparu, depuis 1848, des cours intérieurs de l'École polytechnique, circonstance que le Conseil de l'École de Metz paraît ignorer lorsqu'il réclame qu'on lui donne des sujets sachant *mieux* l'allemand.

Cette suppression a été motivée sur ce qu'on ne retirait pas assez de fruit du cours de langue allemande, qui n'était point convenablement suivi par les élèves. Que le cours d'allemand ne donnât point de sujets suffisamment instruits, c'est ce que prouvaient les plaintes de l'École de Metz; mais on a pris un mauvais moyen de satisfaire à ces plaintes, lorsqu'au lieu d'élèves sachant mal l'allemand, on a pris la résolution d'en avoir qui ne le sachent pas du tout

Si le cours d'allemand ne produisait pas de bons résultats, il fallait l'améliorer et non le supprimer. Rien n'était plus simple que d'obliger les élèves à le suivre : l'accroissement graduel du coefficient d'influence de ce cours, jusqu'à ce que le résultat voulu eût été obtenu, n'aurait pas tardé à en assurer la réalisation. *Les élèves,* disait-on dans le Conseil de perfectionnement, *étudieront l'allemand dès qu'ils sauront que leur avenir en dépend.* Mais l'allemand n'a jamais obtenu qu'une influence à peu près nulle sur le classement.

Nous croyons donc qu'il est urgent d'exiger des candidats qui se présentent pour l'admission, une connaissance convenable des éléments de la langue allemande, et l'on ne saurait moins faire à cet égard que ce qui a été reconnu nécessaire pour l'École militaire de Saint-Cyr.

Le cours de langue allemande devra donc être rétabli à l'École polytechnique, de manière à présenter aux services publics des élèves qui sachent passablement écrire et parler cette langue. Les exigences, très-positives des services publics à cet égard, ne permettent pas de douter que les élèves ne suivent désormais ce cours tout aussi bien que les autres.

Langue latine.

La Commission rend hommage aux considérations élevées qui portèrent le Conseil de 1807 à introduire l'étude du latin dans le programme d'admission, et qui engage aujourd'hui même le Conseil de l'École des ponts et chaussées à demander la conservation de cette étude. L'histoire de notre pays doit comprendre, pour être complète, l'histoire de la langue française, et celle-ci est intimement liée à la langue latine.

Peut-être était-il nécessaire en 1807, pour obtenir qu'on étudiât le latin, d'en faire une condition indispensable de l'admission à l'École polytechnique, et d'exclure formellement tout élève qui ne saurait pas convenablement traduire un morceau écrit dans cette langue. Mais, aujourd'hui que l'étude des belles-lettres est de nouveau en honneur, cette exclusion absolue portée contre des candidats, distingués d'ailleurs, qui auraient eu le tort de négliger l'étude du latin, nous paraîtrait trop rigoureuse. Une influence convenable, donnée au latin dans la réception des élèves, doit suffire pour en assurer l'étude.

L'histoire de France et la langue allemande sont de nécessité première. La connaissance du latin n'est, quelle que soit son excellence, qu'un accessoire. En la faisant entrer dans le classement, on peut être certain que les candidats continueront à l'acquérir. Mais il nous a paru juste que ceux qui en auraient été empêchés ne fussent pas pour cela impitoyablement repoussés, et qu'ils pussent suppléer à ce qui leur manquerait, à cet égard, en prouvant qu'ils possèdent l'histoire et une langue vivante : car la connaissance des langues modernes a aussi son mérite au point de vue de la culture intellectuelle, et, dans une foule de circonstances, elle est du plus grand intérêt pour les services publics.

Sous ces réserves, dont nous tiendrons compte dans le mode de classement adopté pour l'admission, nous demanderons, avec le Conseil de 1808, qu'on donne aux candidats, à traduire un morceau d'un auteur latin *en prose*, et de la force de ceux qu'on explique *en Troisième*.

II. Arithmétique.

Obstacles qui s'opposent à la vulgarisation des éléments des sciences. — But qu'on doit se proposer dans l'enseignement de l'arithmétique.

Les connaissances arithmétiques sont indispensables à tous. Le commerçant, l'industriel, l'ouvrier, l'ingénieur, ont besoin de savoir calculer avec rapidité et exactitude. La science du calcul et quelques notions de géométrie trouvent, lorsqu'on les possède, leur application journalière. Leur absence laisse dans de continuels embarras tout homme qui s'occupe d'affaires, et l'oblige fréquemment à demander à d'autres, moins instruits d'ailleurs, une assistance toujours incommode et quelquefois compromettante.

Le caractère usuel de l'arithmétique indique assez que ses méthodes doivent être susceptibles d'une grande simplicité, et que son enseignement doit être dégagé, avec le plus grand soin, de toute complication inutile. Lorsqu'on se pénètre de l'esprit des méthodes suivies en arithmétique, on reconnaît qu'elles découlent toutes avec clarté et très-simplement, des principes mêmes de la numération, de quelques définitions précises et de certaines idées de rapports entre les grandeurs, que tous les esprits perçoivent avec facilité, qu'ils possédaient même déjà avant que le professeur les leur fît reconnaître et leur apprît à les classer suivant un ordre méthodique et fructueux. Aussi croyons-nous qu'il n'est personne qui ne soit susceptible de recevoir, de comprendre et de goûter un enseignement arithmétique bien ordonné et bien entendu.

L'immense majorité de ceux qui ont reçu une éducation libérale ne possèdent point cependant la connaissance usuelle du calcul. La raison sur laquelle on les excuse de cette lacune dans leur instruction, lacune dont ils avouent, au reste, sans détour, les inconvénients, cette raison, disons-nous, mérite d'être rapportée et prise en considération; d'autant plus que le développement assez considérable, qui a été donné à la partie scientifique des programmes officiels du baccalauréat ès lettres, pourrait faire naître une illusion fâcheuse. Ce serait une erreur en effet que de croire que les programmes correspondent à une instruction réelle et effective, et qu'une partie notable des élèves reçus, en possèdent les connaissances d'une manière même fort imparfaite. Il est excessivement rare au contraire de rencontrer parmi les candidats un élève qui possède d'une manière utile les règles les plus simples du calcul.

« Leur esprit, dit-on, n'était point propre à l'étude des mathématiques. Il leur avait été impossible, malgré tous les efforts de leur bonne volonté, de se plier à l'étude de ces sciences abstraites, dont l'aridité et la sécheresse formaient un disparate si profond avec l'enseignement attrayant et passionné de l'histoire, avec les beautés de style et de pensée, qu'on rencontre dans les œuvres des grands historiens et des grands poëtes. L'indépendance, la liberté, l'élévation de la pensée, nécessaires au littérateur, ne pouvaient s'accommoder des formes étroites et méthodiques des sciences mathématiques. »

Chargés d'organiser la meilleure forme d'enseignement qui convienne à des écoles d'ingénieurs, où la nécessité des mathématiques, restreinte à de saines limites, n'est pas contestée, nous pourrions, jusqu'à un certain point, négliger de nous préoccuper de cette situation de l'enseignement élémentaire des sciences mathématiques. Personne n'ignore, toutefois, que l'instruction exigée pour l'admission à l'École polytechnique exerce l'influence la plus profonde sur la direction de l'enseignement scientifique en France. Il suffit que l'École polytechnique, disait-on dans le Conseil de perfectionnement, introduise dans ses programmes, ou qu'elle en retranche telle ou telle théorie, pour que cette théorie prenne place dans l'enseignement des lycées ou qu'elle en disparaisse.

Suivant la Faculté des Sciences de Paris[1], si compétente en une telle matière, la direction de l'enseignement scientifique donné à la masse du pays, serait mauvaise, et ce défaut proviendrait de l'influence exercée par l'enseignement préparatoire aux écoles spéciales, et notamment à l'École polytechnique. La Commission qui doit reconstituer cet enseignement, n'eût assurément point compris sa mission, si elle se fût bornée à considérer les nécessités propres de l'École polytechnique, sans se préoccuper de son influence fâcheuse au dehors; si, prenant à la lettre l'obligation qui lui était imposée de mettre l'enseignement le plus élevé de l'École polytechnique en harmonie avec celui des diverses écoles d'application, elle n'avait pas eu le soin de diriger son enseignement élémentaire dans une voie utile à la masse du pays. A ne considérer, d'ailleurs, que les intérêts de l'École elle-même, il lui importe, si elle veut réellement attirer à elle l'élite de la jeunesse, que l'instruction élémentaire soit vulgarisée, et que des esprits distingués ne soient pas rebutés, dès les premiers pas qu'ils font vers elle, par des complications hors de propos et sans aucun rapport avec la simplicité des résultats.

1. Rapport de 1847.

Or, sans admettre que les plaintes émises à cet égard soient toutes parfaitement sincères et désintéressées ; tout en apercevant dans leur exagération, une satisfaction puérile que certains maîtres veulent ménager à leur ignorance absolue dans les sciences, satisfaction bien dangereuse par l'autorité de ceux qui se la donnent, la Commission, appréciant combien la littérature et la science perdent à rester étrangères l'une à l'autre, et combien elles gagnent par un commerce mutuel, n'hésite point à reconnaître que l'enseignement des mathématiques élémentaires a perdu la simplicité qui le caractérisait autrefois, pour revêtir une forme compliquée et prétentieuse, dénuée d'aucun avantage et pleine d'inconvénients. Le reproche qu'on adresse aux sciences en elles-mêmes, nous le repoussons complétement et le reportons uniquement sur la méthode vicieuse de leur enseignement actuel.

L'arithmétique en particulier n'est qu'un instrument, un outil, dont il importe assurément de bien connaître la théorie, mais dont il faut, avant tout, posséder à fond la pratique. Cette nécessité, évidente à l'égard de ceux qui ne cherchent que des connaissances élémentaires et usuelles, et c'est le plus grand nombre, n'est pas moins pressante pour ceux qui devront pousser plus avant l'étude des sciences, soit qu'ils veuillent considérer cette étude en elle-même, soit qu'ils aient pour but d'acquérir la science nécessaire à l'ingénieur. Les méthodes de l'analyse et de la mécanique conduisent invariablement à des solutions dont la mise en œuvre, au point de vue de leurs usages, exige la réduction en nombres, par des calculs arithmétiques ; ajoutons que la détermination numérique du résultat final est presque toujours indispensable à l'entente claire et complète d'une méthode quelque peu compliquée. C'est une pensée de ce genre que poursuivait l'illustre Poisson, lorsqu'il faisait introduire dans tous les programmes, qu'on interrogerait les candidats sur l'homogénéité des formules. L'homogénéité est, en effet, un *criterium* au moyen duquel on peut contrôler, jusqu'à un certain degré, l'exactitude d'une formule, et qui surtout permet, dans un examen, de s'assurer d'une manière rapide, si les élèves ont une notion précise de la nature des quantités qu'ils ont considérées, et de la manière dont elles peuvent entrer, sans contradiction apparente, dans la formule finale. Mais la constatation de l'homogénéité est insuffisante pour donner aux élèves une complète édification des formules. Souvent d'ailleurs on ne peut arriver à une formule explicite ; le résultat final ne peut être obtenu que par une suite d'opérations numériques ; et ceux qui se sont bornés à l'étude théorique de la méthode, ne manquent point alors d'être embarrassés à la première application numérique qu'on leur propose. Cette application enfin, soit par la coordination plus complète qu'elle nécessite dans les idées, soit en arrêtant l'esprit d'une manière plus particulière et plus nette sur la matière, développe une foule de remarques qu'on n'eût point faites autrement, et elle contribue ainsi à faciliter l'intelligence des théories d'une manière tellement efficace, qu'on fait plus que regagner le temps consacré aux opérations numériques, en évitant par là de revenir sans cesse sur de nouvelles explications d'une même méthode.

En conséquence, l'enseignement de l'arithmétique aura pour but essentiel de faire acquérir aux élèves la pratique du calcul, afin qu'ils puissent, dans la suite de leurs études, en faire un usage facile et continuel. La théorie des opérations devra leur être donnée avec clarté et précision ; non pas seulement pour qu'ils comprennent le mécanisme de ces opérations, mais bien parce que, dans presque toutes les questions, la mise en œuvre des méthodes demande une grande attention et une discussion continuelle, si l'on veut arriver avec certitude au résultat. Mais, en même temps, toute théorie inutile devra être retranchée avec soin, pour ne pas détourner l'attention de l'élève, et la laisser tout entière aux objets essentiels de cet enseignement. Ces théories, pourrait-on objecter, sont d'excellents exercices pour former l'esprit des élèves. Nous répondons qu'une telle opinion serait contestable sur plus d'un point, et qu'en tout cas, les exercices sur des matières utiles ne manquant point dans le champ immense qu'embrassent les mathématiques, il est tout à fait superflu de créer, comme à plaisir, des difficultés dont on ne rencontrera jamais l'application.

Ce caractère, que nous désirons voir donner à l'enseignement de l'arithmétique, a été complétement méconnu. Hâtons-nous de dire que nous n'exigeons rien de nouveau et d'extraordinaire, mais que nous demandons simplement qu'on veuille bien rentrer dans les limites sages et raisonnables où l'on savait se restreindre à une époque où l'École polytechnique et l'enseignement mathématique en France n'avaient pas moins d'éclat qu'aujourd'hui. Alors les livres d'arithmétique étaient d'une grosseur raisonnable, et les jeunes gens pouvaient, par un travail soutenu, apprendre et s'en approprier le contenu. Les arithmétiques actuelles sont de gros, d'énormes volumes, d'un prix très-élevé, et dans lesquels un esprit ordinaire doit nécessairement s'égarer et se perdre. Est-ce donc que la science de l'arithmétique a fait, depuis quarante ans, des progrès qui ont nécessité ce développement de l'enseignement? En aucune façon; mais c'est qu'autrefois, en montrant l'arithmétique aux élèves, on se proposait de leur apprendre à calculer, et qu'aujourd'hui, c'est ce dont on s'occupe le moins. Aussi, malgré tous ces développements, ou plutôt à cause d'eux, est-on arrivé à ce résultat, que les élèves, après une année d'arithmétique, ne savent cependant pas calculer. Lorsque, dans la composition mathématique écrite pour l'admission à l'École polytechnique, composition supprimée cette année, on proposait une question conduisant à un calcul arithmétique quelque peu compliqué, il arrivait qu'on recueillait presque autant de résultats différents qu'il y avait d'élèves; que la plupart de ces résultats n'avaient même aucun sens, et que, si un élève arrivait au véritable résultat, c'était après avoir fait quatre fois plus de chiffres qu'il n'était nécessaire.

Cela nous conduit à une autre remarque. Il ne sert à rien d'être arrivé à un résultat numérique, si l'on ne peut répondre de son exactitude. Or, le fait que nous venons de citer prouve qu'on ne se préoccupe point assez, dans les cours, de cette vérité. L'enseignement du calcul comprend, comme condition essentielle, qu'on montre aux élèves comment tout résultat, déduit d'une suite d'opérations d'arithmétique, peut toujours être contrôlé de manière à ce qu'on ait toute la certitude désirable de son exactitude :

de sorte que si un élève peut et doit se tromper fréquemment, il soit du moins à même de s'en apercevoir, de se rectifier lui-même, et de n'apporter jamais, en définitive, qu'un résultat exact.

Nécessité de programmes d'examen convenablement détaillés.

La brièveté donnée par l'École polytechnique à ses programmes d'admission, a été la cause première de la trop grande extension des cours et du cadre dans lequel se sont développés les examens. Les limites de la matière exigée n'étant pas nettement définies, chaque professeur a préféré les reculer démesurément plutôt que d'exposer ses élèves à ne pouvoir répondre à certaines questions. Les examinateurs se sont trouvés naturellement entraînés à poser ces questions qu'on leur offrait, pour ainsi dire ; et, dès lors, elles ont été définitivement classées dans un programme de convention sur lequel on examine, et qui contient nombre de questions dont les Conseils de perfectionnement ont cependant repoussé l'introduction, quand on la leur a demandée. Une épithète, insérée pour la première fois dans le programme de 1822, a contribué à aggraver ces inconvénients, pour ce qui concerne l'étendue de l'arithmétique. Avant 1822, le programme des connaissances exigées pour l'admission portait ce qui suit : « L'arithmétique et l'exposition du nouveau système métrique : on insistera sur l'application du calcul décimal à ce système. » En 1822, cette rédaction fut remplacée par la suivante : « L'arithmétique *complète* et l'exposition du nouveau système métrique. » C'est-à-dire qu'au lieu de l'*arithmétique* on demandait l'*arithmétique complète*. Mais qu'est-ce que l'arithmétique complète ? et en quoi diffère-t-elle de l'arithmétique ? Où finit l'arithmétique *complète*, et quelles sont les propriétés des nombres qui en font partie ? Les mots « comprenant la théorie des proportions, des progressions, des logarithmes et l'usage des tables, l'exposition du système métrique, » introduits ultérieurement, et qu'on retrouve dans le programme de 1850, ne le disaient certes pas d'une manière assez nette et assez précise pour couper court à toutes les difficultés.

Ces difficultés, et les abus qui en sont résultés, ne pourront disparaître que par la publication de programmes plus développés que ceux qu'on a donnés jusqu'à ce jour, de programmes assez détaillés pour que les limites dans lesquelles on doit restreindre chacune des branches exigées pour l'admission, soient tellement évidentes aux yeux de tous, qu'elles mettent les examinateurs dans l'impossibilité d'en sortir, et permettent ainsi aux professeurs d'y renfermer leur enseignement.

Déjà, en l'an ix, le Conseil de perfectionnement aurait désiré « que tous les élèves pussent recevoir une instruction uniforme.... Mais il n'existait point encore de cours de mathématiques, spécialement adapté à leur usage.... » Dans cet état de choses, et en supposant d'ailleurs que tous les professeurs fussent des hommes d'un mérite reconnu, le Conseil décidait de laisser chacun d'eux entièrement libre d'adopter, parmi les cours de mathématiques les plus répandus et les plus estimés, celui qui lui conviendrait le mieux pour servir de base à ses leçons; il ne leur prescrivait aucune méthode particulière dans l'enseignement, ni même aucune limite précise dans l'étendue de l'instruction sur chaque partie. Deux ans après, en l'an xi, le Conseil ordonnait la publication des programmes en leur entier, bien qu'ils n'eussent pas été modifiés; « afin que les élèves n'eussent jamais d'incertitude sur les connaissances avec lesquelles ils devaient se présenter à l'examen, et pour guider les examinateurs eux-mêmes dans leurs fonctions délicates en leur montrant le terme au delà duquel ils ne pouvaient rien exiger. » Plus tard enfin [1], le Conseil arrêtait son attention sur les inconvénients qu'il y avait à interroger les candidats sur des connaissances dépassant les limites du programme d'admission; et il décidait qu'on ajouterait à la fin du programme cet ordre formel : « les candidats ne seront examinés que sur les connaissances exigées par le programme. »

Le Conseil de l'an ix avait raison de ne vouloir imposer aux professeurs aucune méthode particulière, et il pouvait même, sans danger, ne pas fixer d'une ma-

---

1. Conseil de 1810.

nière absolue la totalité du programme d'admission, parce qu'on usait alors de cette liberté avec une sage réserve. Mais il est arrivé, avec le temps, que ces programmes définis, que le Conseil ne voulait pas imposer, se sont établis par la force de l'usage, de manière à ne laisser aucune liberté au professeur, quant à l'étendue des matières, tout en donnant à cette étendue des dimensions exagérées, contraires à la volonté constante du Conseil, manifestée dans ses diverses délibérations. Les intentions du Conseil ayant été ainsi doublement méconnues, le meilleur moyen d'y revenir est de publier des programmes d'examen, détaillés et convenablement circonscrits. La liberté des professeurs n'en sera nullement amoindrie, puisqu'elle est dès aujourd'hui enchaînée par des programmes de convention : d'ailleurs, les programmes dont nous demandons la publication sont ceux sur lesquels les examens seront faits, et c'est assurément le droit de l'École polytechnique, de fixer l'étendue des connaissances qu'elle entend exiger de ses candidats ; mais nous n'intervenons en aucune façon sur la marche que les professeurs entendront suivre pour inculquer ces connaissances à leurs élèves. Que si, à l'imitation de ce qu'a déjà fait le Conseil de perfectionnement, il nous arrive de prescrire quelquefois que la solution de telle question sera présentée par telle méthode plutôt que par telle autre, c'est parce qu'il est bien connu que cette méthode, plus simple que nous demandons, était déjà donnée à tous les élèves, en même temps que d'autres méthodes trop compliquées et que nous voulons exclure.

« Comme il faut dans le programme, disait M. Coriolis, dans une note sur la réforme de l'enseignement de l'École polytechnique, des matières assez difficiles pour servir à distinguer les capacités, et que d'ailleurs on ne pourra jamais empêcher que les candidats mettent quatre ans à se préparer, on est naturellement conduit à leur demander une partie de ce qui s'enseigne aujourd'hui à l'École polytechnique. C'est le seul moyen de les forcer à ne plus se traîner sur les matières de l'ancien programme. Pour rendre cette idée *praticable*, il faudra, pendant quelques années, indiquer, *question par question*, ce qu'on aura

seulement le droit d'exiger *dans cet ancien programme ;*
cela sera nécessaire pour que les professeurs des colléges
soient assurés qu'ils peuvent réduire beaucoup ce qui a fait
jusqu'à présent l'objet de la préparation aux examens. »

« Y a-t-il, dit le Conseil de l'École des ponts et chaussées, des mesures qu'il convienne d'adopter, pour assurer
une efficacité suffisante aux améliorations qu'il serait reconnu dans son rapport désirable d'introduire dans les
programmes?

« Le Conseil est d'avis que des mesures doivent être
prises à l'effet : de restreindre la liberté qu'ont aujourd'hui
les examinateurs, d'étendre démesurément et de surcharger de détails le champ des connaissances exigées par les
programmes ; de donner au jugement des examinateurs
des éléments de conviction plus nombreux, et aux candidats plus de chances de se faire apprécier à leur véritable
valeur en multipliant et diversifiant les épreuves ; de rendre
sérieusement obligatoires les connaissances étrangères aux
sciences mathématiques et physiques, en leur attribuant
ostensiblement une influence marquée sur le résultat des
examens d'admission des candidats et des examens de classement et de sortie des élèves. A ces fins, le Conseil est
d'avis qu'il y a lieu de prendre les dispositions suivantes :

« En ce qui se rapporte aux conditions de l'admission :
1° Publier un questionnaire ; 2° Instituer une double
épreuve, orale et écrite, tant sur les connaissances étrangères aux sciences mathématiques et physiques que sur ces
sciences elles-mêmes ; 3° Constituer les examens et les
épreuves de manière à donner désormais une notable influence sur l'admission et le classement, aux connaissances
générales, jusqu'à présent trop négligées par le plus grand
nombre des candidats.

« En ce qui se rapporte aux conditions de classement
des élèves à l'École, soit pour passer d'une division à
l'autre, soit pour la sortie : Reviser l'échelle des impor-
tances relatives attribuées aux divers ordres de connaissances ou de travaux, compris dans les programmes de
l'École.

« Disons quelques mots sur ces demandes.

« *Publier un questionnaire.*

« Chacune des sous-divisions du programme d'admission peut devenir la matière de traités spéciaux d'une étendue presque indéfinie, pour peu que l'on veuille recueillir tout ce qui a été dit ou écrit, tout ce qui peut se dire ou s'écrire sur le sujet de cette sous-division, envisagé sous toutes les faces et dans tous les problèmes où l'on peut s'en occuper. Est-ce qu'il serait utile, est-ce qu'il serait sain de charger l'esprit des élèves d'un tel fatras d'observations vaines, d'arguties puériles, de difficultés oiseuses ? Non, sans doute. Cependant, s'il arrive parfois qu'un examinateur se laisse entraîner à poser quelques questions de cette espèce, il devient inévitable que des compilateurs, et qu'à leur suite, les institutions qui font profession de préparer des candidats à l'École, s'ingénient à les prévoir toutes, les réunissent en corps d'ouvrage, et en fassent l'objet d'un enseignement spécial ; *et dès lors, de pauvres jeunes gens sont astreints à apprendre tout cela !* ce qui a le double inconvénient de leur faire perdre leur temps et de leur rapetisser l'esprit. Il faut couper court à un pareil abus. Or le seul moyen efficace d'y parvenir est la publication d'un *questionnaire d'admission* dans les termes duquel les examinateurs devront absolument se renfermer.

« Il va sans dire que les examinateurs auront toute latitude pour s'assurer que les candidats comprennent bien le sens et l'enchaînement des propositions, et les relations de tout genre que les questions ont entre elles : cela suffit pour qu'ils soient en position d'apprécier complétement le savoir et la portée d'intelligence des candidats examinés.

« Le Conseil admet que le *questionnaire* devra comprendre, indépendamment de la série des propositions indispensables au développement méthodique des théories, un choix de questions posées sous forme de problèmes, afin de faire un devoir aux élèves de s'exercer à combiner les propositions entre elles, de diverses manières. Dans un trop grand nombre de cas, la marche à suivre pour résoudre ces problèmes leur sera minutieusement enseignée dans les institutions préparatoires, comme le sont les propositions elles-mêmes ; le Conseil le sait bien ; mais qu'y faire ? et qu'importe, après tout, que les solutions leur soient enseignées ? puisqu'il ne s'agit pas de les prendre à l'improviste, ce qui serait peut-être les placer dans des conditions très-inégales ; et encore moins de les éprouver par quelque question captieuse, ce qui serait un très-mauvais moyen de les juger.

« Le *questionnaire* devra s'étendre à tous les ordres de connaissances exigées.

« Il faudra, en outre, déterminer un plus grand nombre d'épreuves, ayant pour objet spécial de constater que les élèves ont l'habitude acquise du dessin et des travaux graphiques.

« Le Conseil désire à ce propos que, dans les épreuves écrites sur la physique et sur la cinématique, on demande aux candidats, des croquis des appareils ou des organes de machines, nettement dessinés au crayon ou à la plume et à peu près à l'échelle. »

Discussion du nouveau programme d'arithmétique.

En commençant le programme d'arithmétique par ces mots « numération *décimale*, » nous avons voulu éviter ces questions sur la numération *duodécimale*, qu'on rencontre dans plusieurs ouvrages et qu'on donne quelquefois aux élèves. Il est plus utile de les mieux exercer sur le système décimal, dont ils ne font usage qu'avec difficulté, plutôt que sur un système qu'ils n'auront jamais à employer.

La seule vérification pratique de l'addition et de la multiplication est de recommencer ces opérations, en changeant leur ordre.

La division des nombres entiers est, en arithmétique, la première question qui soit réputée d'une sérieuse difficulté, contre laquelle viennent souvent se buter les élèves, et qui laisse toujours dans l'esprit, même des plus habiles, une certaine inquiétude. On redoute d'être interrogé sur la division. Pourquoi donc ? Nous n'hésitons pas à le dire, cela tient à la complication des méthodes suivant lesquelles la division est enseignée, complication tout à fait hors de propos. Il existe tel livre d'arithmétique dans lequel l'explication de la division contient deux fois plus de raisons qu'il n'est nécessaire ; un esprit juste doit se perdre dans un tel enseignement, et ne plus comprendre ce que c'est qu'une démonstration au moment où, la croyant terminée, il la voit cependant continuer. Lorsque cet inconvénient majeur n'existe pas, la démonstration est d'habitude compliquée outre mesure, et ne procède point suivant la même marche que la règle pratique, à laquelle il faut revenir ensuite. C'est de là que vient tout le mal ; mal très-réel et très-profond. Car s'il n'en résulte que de l'embarras pour les élèves qui se destinent aux écoles spéciales, c'est, la plupart du temps, pour les élèves qui ne cherchent qu'une instruction générale, un motif déterminant pour renoncer à l'étude des sciences.

Nous avons dû nous borner à insérer au programme d'examen ces mots : « Division des nombres entiers, » entendant par là que l'élève serait tenu d'expliquer la règle pratique et d'en posséder l'usage d'une manière familière et rapide, ce dont l'examinateur devra s'assurer avec soin. Nous ne pouvions imposer aux professeurs tel ou tel mode de démonstration, mais seulement leur recommander, avec instance, de simplifier leur enseignement et de le mettre à la portée des élèves. Ils trouveront aisément plusieurs manières d'y arriver. Sans vouloir leur en imposer aucune, nous donnerons cependant ici, pour faire mieux saisir l'esprit des remarques précédentes, ce qui eût concerné la division des nombres entiers, si nous avions eu à faire le programme détaillé d'*un cours* d'arithmétique et non un programme d'*examen*. La division des nombres entiers eût pu y être traitée comme il suit :

« On peut trouver le quotient par l'addition, la soustraction, la multiplication ;

« Division d'un nombre par un nombre d'un chiffre quand le quotient est moindre que 10 ;

« Division d'un nombre quelconque par un nombre moindre que 10 ;

« Division de deux nombres quelconques dans le cas où le quotient n'a qu'un seul chiffre ;

« Division dans le cas le plus général.

« *Nota*. La règle pratique peut être entièrement expliquée par cette considération qu'en multipliant le diviseur par divers nombres, on reconnaît si le quotient est plus petit ou plus grand que le multiplicateur. »

Les propriétés des diviseurs des nombres, la décomposition d'un nombre en facteurs premiers ont besoin d'être bien connues des élèves. Mais ici encore, nous recommandons la simplicité. La théorie du plus grand commun diviseur, entre autres, n'a nullement besoin d'être donnée avec tous les détails dont on l'entoure habituellement : car elle n'est d'aucun usage dans la pratique. S'il est vrai qu'elle soit nécessaire pour compléter la théorie des fractions ordinaires, il est très-certain qu'on ne l'y applique jamais.

C'est surtout à la pratique du calcul des nombres décimaux qu'il est indispensable d'exercer les élèves. Car c'est la plupart du temps sur de tels nombres qu'ils auront à opérer. Il est rare que les données d'une question soient des nombres entiers : habituellement ce sont des nombres décimaux qui ne sont même pas connus rigoureusement, mais seulement avec une approximation décimale donnée ; et l'on a pour but d'en déduire d'autres nombres décimaux, exacts eux-mêmes jusqu'à une certaine approximation, fixée par les conditions du problème. C'est en vue de cette nécessité que le calcul des nombres décimaux doit être enseigné. On n'y a point eu assez égard jusqu'ici. Qu'importe que, dans une ou deux circonstances, on apprenne aux élèves par quelle méthode on pourrait obtenir le résultat à $\frac{1}{\delta}$ près, δ étant un nombre quelconque, s'ils n'en doivent jamais faire application sous cette forme générale, et si, dans cent autres circonstances, ils sont incapables d'arriver, par une route praticable, à des résultats exacts jusqu'à une décimale demandée et dont ils puissent répondre?

Prenons pour exemple la multiplication : la plupart du temps les élèves ne connaissent d'autre règle à ce sujet que de *multiplier les deux facteurs l'un par l'autre, sans tenir compte de la virgule, sauf à séparer à la droite du produit autant de chiffres décimaux qu'il y en a dans les deux facteurs.* La règle ainsi énoncée est méthodique, simple, facile en apparence. Mais, au fond, elle est dans la pratique d'une longueur rebutante et le plus souvent inapplicable.

Admettons qu'on ait à multiplier l'un par l'autre deux nombres ayant chacun six décimales, et qu'on veuille connaître également le produit jusqu'à la sixième décimale. La règle précédente en donnera douze, dont les six dernières, étant inutiles, auront fait perdre, par leur calcul, un temps précieux. Il y a plus, lorsqu'un facteur d'un produit est connu avec six décimales, c'est qu'on s'est arrêté dans sa détermination, à cette approximation, en négligeant les décimales suivantes, et il en résulte que plusieurs des décimales situées à la droite du produit calculé, ne sont pas celles qui appartiendraient au produit rigoureux. A quoi sert-il donc d'avoir pris la peine de les déterminer ?

Remarquons enfin que si les facteurs du produit sont incommensurables, et s'il est nécessaire de les convertir en décimales, avant d'effectuer la multiplication, on ne saurait point jusqu'où doit être poussée l'approximation des facteurs avant d'appliquer la règle précédente. Il sera donc nécessaire qu'on fasse connaître aux élèves les méthodes abrégées par lesquelles on arrive, à la fois, à poser moins de chiffres et à connaître l'approximation réelle du résultat auquel on est parvenu.

Les fractions décimales périodiques ne sont d'aucun usage. Il est cependant bon que les élèves sachent trouver la fraction ordinaire génératrice d'une fraction décimale périodique, simple ou mixte. Mais, en dehors de ces deux questions élémentaires, nous supprimons tous les détails superflus et compliqués dans lesquels on entrait à l'égard des fractions périodiques.

Le système des nouvelles mesures est seul aujourd'hui en usage. Sans entrer dans de nombreux détails sur les anciennes mesures, il est cependant indispensable d'apprendre aux élèves à transformer un nombre de toises ou de pieds, en mètres. Beaucoup d'ouvrages, même peu anciens, sont rapportés à ces unités, et il est nécessaire que les ingénieurs puissent faire usage de ces ouvrages. Par la même raison, on doit connaître le rapport de l'ancienne livre poids (divisée en onces, gros et grains), au kilo-

gramme, et le rapport de l'ancienne livre tournois, au
franc.

Il n'est pas moins nécessaire aux ingénieurs de connaître
la valeur des mesures dont il est fait usage par les étrangers dans leurs ouvrages sur les travaux publics ou sur les
services de la guerre. On donnera aux élèves, pour cet
objet, un tableau des rapports des principales mesures usi-
tées en Angleterre, en Allemagne et aux États-Unis d'Amé-
rique, aux mesures de France, en considérant successivement les longueurs, les poids et les monnaies.

L'extraction de la racine carrée devra être donnée avec
soin, surtout celle des nombres décimaux. Il est tout à fait
impossible de s'en tenir, à cet égard, à la règle qui pre-
scrit d'avoir au carré le double du nombre des décimales
qu'on veut avoir à la racine. Cette règle est, en effet, im-
praticable, dès qu'on a une suite d'opérations à effectuer;
on sait, par exemple, à quelles complications elle con-
duirait si l'on voulait s'y astreindre pour déterminer une
seule décimale, du rapport de la circonférence au diamètre. Lorsqu'un nombre n augmente d'une quantité δ relativement petite, le carré de ce nombre augmente à très-
peu près de $2\,n\,\delta$; c'est au moyen de cette remarque qu'on
détermine l'approximation avec laquelle un nombre doit
être calculé pour qu'on puisse obtenir ensuite, à sa racine
carrée, l'exactitude dont on a besoin. Cela suppose que,
avant de déterminer le carré avec toute l'exactitude nécessaire, on ait trouvé une limite inférieure, convenable, de
la valeur de la racine, et c'est ce qui s'obtient toujours
sans la moindre difficulté.

Nous avons compris la racine cubique dans le programme, au même titre et avec les mêmes développements que la racine carrée. Il est, en effet, indispensable
que les élèves sachent comment la méthode d'extraction de
la racine carrée se modifie pour l'extraction de la racine
cubique. Mais, tandis qu'il sera nécessaire d'exercer les
élèves sur l'extraction de la racine carrée par de nombreux
exemples, on devra, au contraire, en être très-sobre à
l'égard de la racine cubique, et s'en tenir presque à la seule
théorie. Les calculs sont alors trop compliqués; ils feraient

perdre beaucoup de temps aux élèves , et , s'il est utile de recourir aux logarithmes pour l'extraction de la racine carrée , l'emploi de ce mode abrégé de calcul est tout à fait indispensable , quand il s'agit de la racine cubique et , *a fortiori* , des racines de degré supérieur.

Lorsque , dans une question , il n'entre que des quantités qui varient dans le même rapport ou dans un rapport inverse , elle se résout immédiatement par une méthode très-simple , connue sous le nom de *réduction à l'unité*. Une fois le résultat obtenu , il est indispensable de faire remarquer aux élèves qu'il se compose d'une quantité qui , parmi les données , est de la nature de celle qu'on cherche , et multipliée successivement par une suite de rapports abstraits entre d'autres quantités qui sont aussi deux à deux de même nature. Car on en fait découler la règle à suivre pour écrire immédiatement le résultat demandé , sans être obligé de reprendre , pour chaque question , la suite des raisonnements : ce qui a l'avantage , non-seulement d'épargner du temps , mais surtout , de faire mieux saisir l'esprit de la méthode , de faire mieux comprendre le sens de la solution et de préparer à l'emploi prochain des formules.
Nous recommandons aux professeurs d'abandonner , autant que possible , l'usage des exemples en nombres abstraits , et celui des problèmes insignifiants dans lesquels les données , posées au hasard , n'ont aucun rapport avec la réalité. Que les exemples et les exercices présentés aux élèves portent toujours sur des objets qui se rencontrent dans les arts , dans l'industrie , dans la nature , dans le système du monde , dans la physique. On y trouvera de nombreux avantages. Le sens précis des solutions sera mieux saisi. En outre , les élèves acquerront ainsi , sans aucune peine , une foule de données précises sur le monde qui les entoure , et dont l'utilité leur sera très-précieuse. Leur attention enfin , étant sans cesse excitée et soutenue , on peut compter qu'il leur sera moins pénible de se livrer à des calculs numériques , lorsque le résultat , au lieu d'être un nombre sans intérêt , renfermera une connaissance réelle , utile et propre à piquer la curiosité.

Le programme de 1850 porte, comme ceux des années précédentes, que l'arithmétique comprendra la théorie des progressions et des logarithmes. Les progressions servent dans la solution de plusieurs questions d'annuités ; elles sont indispensables pour établir les propriétés des logarithmes lorsqu'on veut éviter d'employer la considération naturelle des exposants. Plus tard, la théorie des logarithmes se retrouve en algèbre, déduite de la considération des exponentielles ; et, après avoir établi ainsi les propriétés des logarithmes au moyen des progressions, d'une part, au moyen des exposants, de l'autre, on fait voir qu'il y a identité entre les deux théories.

Ces considérations multiples, cette double manière d'envisager une même théorie a sans aucun doute son utilité ; mais nous avons suffisamment établi qu'il était indispensable de simplifier, pour qu'il soit inutile de revenir ici sur la nécessité où nous sommes de faire un choix entre les deux méthodes de présenter les logarithmes, et de nous en tenir exclusivement à l'une d'elles. La théorie algébrique est à la fois plus simple et plus complète que la théorie arithmétique. Au moyen des progressions, les relations qui réunissent les différents systèmes de logarithmes et le calcul des logarithmes eux-mêmes sont très-compliquées ; les logarithmes des fractions entraînent en outre l'introduction des quantités négatives en arithmétique et obligent à en faire une théorie anticipée. Au moyen des exposants, toutes ces difficultés disparaissent. Il est donc rationnel de réserver la théorie des logarithmes pour l'algèbre, où elle avait déjà sa place naturelle ; les logarithmes, conservés en arithmétique, constitueraient un double emploi et de véritables difficultés qui doivent être écartées.

Mais, dès que les logarithmes sont reportés en algèbre, il est convenable d'en faire autant des progressions, des questions d'intérêt composé et d'annuités. Ces divers problèmes soulèvent, en effet, des questions qui, au point de vue de la théorie, ne peuvent être résolues qu'en algèbre, et, d'un autre côté, la réduction des formules en nombres n'est véritablement praticable qu'au moyen des logarithmes. Il n'y a donc aucune raison valable de conserver ces théories en arithmétique ; et cela est si vrai, que les professeurs, sachant bien qu'ils ne peuvent les exposer là d'une manière complète, ne manquent point de les reprendre en algèbre, comme l'indiquent d'ailleurs tous les traités sur cette science.

Nous maintenons dans notre programme d'examen les questions qui peuvent se résoudre par deux hypothèses arbitraires et successives, faites sur le résultat cherché. Ces questions peuvent, il est vrai, se résoudre directement par le moyen d'une simple équation du premier degré ; mais nous avons considéré que la résolution des problèmes, au moyen des hypothèses, constituant la méthode la plus féconde dont on fasse réellement usage dans la pratique, il était bon d'y habituer les élèves le plus tôt possible. Cela est d'autant plus nécessaire, que l'enseignement a, en général, procédé en sens inverse, par une erreur dont nous avons déjà signalé la cause ; on s'est surtout attaché à donner aux élèves des solutions directes, sans réfléchir que la théorie en était habituellement beaucoup plus compliquée, l'emploi presque impossible, et qu'on donnait à l'esprit une direction inverse de celle qu'il aura plus tard à suivre. Nous avons voulu, même en arithmétique, montrer qu'il fallait revenir sur cette tendance trop scientifique et aussi trop éloignée des nécessités et des usages pratiques.

Il nous reste à parler des proportions.

Dans la plupart des traités d'arithmétique, on expose d'abord la résolution des problèmes, par la méthode dite de réduction à l'unité ; on présente ensuite la théorie des proportions ; puis on applique cette théorie aux questions déjà traitées par une autre méthode.

Cette marche a plusieurs inconvénients. D'abord elle constitue un de ces doubles emplois que nous nous sommes imposé l'obligation d'éviter, toutes les fois qu'ils ne présentent aucun avantage indispensable à conserver. En outre, il est très-certain que la méthode de réduction à l'unité présente sous leur vrai jour, d'une manière complète et avec simplicité, toutes les questions de rapport qui sont la base des solutions arithmétiques ; en sorte que l'introduction ultérieure des proportions n'apprend absolument rien de nouveau aux élèves, et n'a d'autre résultat, en ce qui concerne la solution des problèmes, que de présenter la même chose d'une manière plus compliquée. Nous retranchons donc de notre programme d'examen la solution des questions d'arithmétique, présentée sous la forme spéciale qui constitue la théorie des proportions.

Cette forme spéciale, il faudrait se garder de l'inventer, si elle n'avait pas encore été employée. Pourquoi ne pas dire simplement le rapport de M à N est égal à celui de P à Q, plutôt que d'aller chercher, pour énoncer la même idée, cet autre langage M *est à N comme P est à Q?* Vainement allèguerait-on les nécessités de la géométrie : qu'on veuille bien considérer successivement toutes les questions où il est fait usage des proportions, et l'on reconnaîtra que la simple considération de l'égalité des rapports, sous la forme la plus naturelle, se prêterait tout aussi bien à la simplicité des énoncés, à la netteté des démonstrations, soit dans le langage, soit même dans l'écriture. Toutefois, comme l'usage des proportions est invétéré en géométrie, comme tous les livres de géométrie en font emploi, et que nous n'entendons pas imposer un changement de forme aussi considérable que celui de la suppression des proportions; comme, d'ailleurs, il est utile que les élèves puissent lire les livres anciens, qui en font un continuel usage, nous maintenons les propriétés des proportions à la fin de notre programme d'examen; mais avec cette réserve expresse, que les examinateurs se borneront aux propriétés simples que nous indiquons, propriétés qui suffisent en géométrie, et qu'ils ne demanderont aucune application des proportions à la solution des problèmes d'arithmétique.

III. Géométrie.

Opinions de Clairaut et de Bezout sur l'enseignement de la géométrie.

On peut appliquer à l'enseignement de la géométrie une partie des remarques spéciales que nous avons faites sur celui de l'arithmétique. Des notions de géométrie sont, après la connaissance de l'arithmétique, ce qu'il y a de plus indispensable à tous les hommes; et cependant, on en rencontre fort peu qui en possèdent même les premiers principes. L'immense majorité des élèves qui sortent de nos colléges ignore complétement la géométrie, aussi bien que l'arithmétique. Ce résultat condamne la marche suivie jusqu'à ce jour. Nous ne répéterons point ce que nous avons déjà dit des tendances générales de cet enseignement : nous nous bornerons aux remarques qui s'appliquent plus spécialement à la géométrie.

Les objets dont on s'occupe dans ce cours, étant placés sous les yeux des élèves au moyen de figures, il en résulte des facilités particulières pour les explications et les démonstrations ; les élèves y retrouvent des éléments qu'ils ont fréquemment rencontrés sur le terrain et que leur esprit s'est exercé involontairement à comparer, avant qu'on en fît pour eux l'objet d'une étude régulière. Or, on ne tient point assez de compte des notions naturelles acquises ainsi sur la ligne droite, les angles, les parallèles, le cercle. L'enseignement des premiers principes de la géométrie est beaucoup trop lent, et l'on perd inutilement le temps à donner une forme dogmatique à des vérités qui sont immédiatement saisies par l'esprit. On rebute par là ceux qui n'étudient qu'en vue d'acquérir des connaissances générales ; on complique hors de propos les études spéciales de ceux qui veulent suivre la carrière de l'ingénieur. On peut appliquer à l'enseignement actuel de la géométrie, ce qu'en disait l'illustre Clairaut, dans la préface de son traité :

« Quoique la géométrie soit par elle-même abstraite, il faut avouer cependant que les difficultés qu'éprouvent ceux qui commencent à s'y appliquer, viennent le plus souvent de la manière dont elle est enseignée dans les éléments ordinaires. On y débute toujours par un grand nombre de définitions, de demandes, d'axiomes et de principes préliminaires, qui semblent ne promettre rien que de sec au lecteur. Les propositions qui viennent ensuite, ne fixant point l'esprit sur des objets plus intéressants, et étant d'ailleurs difficiles à concevoir, il arrive communément que les commençants se fatiguent et se rebutent avant que d'avoir aucune idée distincte de ce qu'on voulait leur enseigner......

« On me reprochera peut-être, en quelques endroits de ces éléments, de m'en rapporter trop au témoignage des yeux, et de ne m'attacher pas assez à l'exactitude rigoureuse des démonstrations. Je prie ceux qui pourraient me faire un pareil reproche, d'observer que je ne passe légèrement que sur des propositions dont la vérité se découvre pour peu qu'on y fasse attention. J'en use de la sorte, surtout dans les commencements, où il se rencontre des propositions de ce genre, parce que j'ai remarqué que ceux qui avaient de la disposition à la géométrie, se plaisaient à exercer un peu leur esprit, et qu'au contraire ils se rebutaient lorsqu'on les accablait de démonstrations, pour ainsi dire, inutiles.

« Qu'Euclide se donne la peine de démontrer que deux cercles qui se coupent n'ont pas le même centre ; qu'un triangle renfermé dans un autre a la somme de ses côtés plus petite que celle des côtés du triangle dans lequel il est renfermé, on n'en sera pas surpris. Ce géomètre avait à convaincre des sophistes obstinés, qui se faisaient gloire de se refuser aux vérités les plus évidentes : il fallait donc qu'alors la géométrie eût, comme la logique, le secours des raisonnements en forme, pour fermer la bouche à la chicane ; mais les choses ont changé de face. Tout raisonnement qui tombe sur ce que le bon sens seul décide d'avance est aujourd'hui en pure perte, et n'est propre qu'à obscurcir la vérité et à dégoûter les lecteurs.

« Un autre reproche qu'on pourrait me faire, ce serait d'avoir omis différentes propositions qui trouvent leur place dans les éléments ordinaires, et de me contenter, lorsque je traite des propositions, d'en donner seulement les principes fondamentaux. A cela je réponds qu'on trouve dans ce traité tout ce qui peut servir à remplir mon projet ; que les propositions que je néglige sont celles qui ne peuvent être d'aucune utilité par elles-mêmes, et qui d'ailleurs ne sauraient contribuer à faciliter l'intelligence de celles dont il importe d'être instruit [1]. »

1. Préface des *Éléments de Géométrie*, publiés, en 1775, par M. Clairaut, des Académies des sciences de France, d'Angleterre, de Prusse, de Russie, etc......

Bezout, à son tour, recommande de ne pas multiplier le nombre des théorèmes, des propositions, des corollaires. Il en résulte un appareil qui éblouit les élèves et au milieu duquel ils se perdent. Tout ce qui résulte d'un principe doit être donné en langage naturel, autant que possible, et en évitant la forme dogmatique. Voici ce qu'en dit Bezout :

« Dois-je me justifier d'avoir négligé l'usage des mots *axiome*, *théorème*, *lemme*, *corollaire*, *scholie*, etc.? Deux raisons m'ont déterminé : la première est que l'usage de ces mots n'ajoute rien à la clarté des démonstrations; la seconde est que cet appareil peut souvent faire prendre le change à des commençants, en leur persuadant qu'une proposition revêtue du nom de *théorème*, doit être une proposition aussi éloignée de leurs connaissances que le nom l'est de ceux qui leur sont familiers. Cependant, afin que ceux de mes lecteurs qui ouvriront d'autres livres de géométrie ne s'imaginent pas qu'ils tombent dans un pays inconnu, je crois devoir les avertir que *axiome* signifie une proposition évidente par elle-même; *théorème*, une proposition, etc.

« S'il est un art auquel l'application des mathématiques soit utile plus qu'à un autre, c'est la navigation : dussé-je me répéter, je dois dire que ces sciences, qui sont utiles dans d'autres parties, sont indispensables dans celle-ci.

« Il ne faut pas en conclure, cependant, qu'un livre de géométrie élémentaire, destiné à cet objet, doive rassembler un grand nombre de propositions. S'il suffisait, pour bien inculquer les principes d'une science, de donner ce qui est essentiellement nécessaire au but qu'on se propose, ceux qui connaissent un peu de géométrie savent qu'on y satisferait en peu de mots. Mais l'expérience démontre qu'un pareil livre serait utile seulement à ceux qui ont acquis déjà des connaissances, et qu'il n'imprimerait que de faibles traces dans l'esprit des commençants. D'un autre côté, il n'y a pas moins d'inconvénients à trop multiplier les conséquences, surtout quand elles ne sont (comme il arrive souvent) que de nouvelles traductions des principes. Il n'est pas douteux que des éléments, destinés à un grand nombre de lecteurs, doivent suppléer aux conséquences que plusieurs n'auront pas le loisir et peut-être la faculté de tirer ; mais il faut prendre garde aussi que ceux pour qui cette attention est nécessaire, sont le moins en état de soutenir la multitude des propositions. Le seul parti qu'il y ait à prendre est, ce me semble, d'aller un peu plus loin que les principes, de s'arrêter aux conséquences utiles, et de fixer ces deux choses dans l'esprit par des applications ; c'est ce que j'ai tâché de faire [1]. »

On affecte, il est vrai, aujourd'hui, de regarder les ouvrages de Bezout comme insuffisants ; on les accuse de laisser à désirer sous le rapport de la rigueur et de manquer d'étendue. Mais il n'en est rien. La géométrie élémentaire n'a point fait, depuis soixante ans, de progrès réels qui aient dû faire vieillir le livre de Bezout et le rendre incomplet ; et, quant à la rigueur, qu'il nous suffise de remarquer que Bezout était un géomètre des plus savants et qui connaissait mieux que personne ce que c'était qu'une démonstration. Gardons-nous d'accepter et de croire que, dans ces ouvrages des grands maîtres qui nous ont précédés, il y ait moins de généralité de vues, moins d'exactitude et de netteté de conception que dans les traités actuels. Tout au contraire. Ainsi, cette définition de la ligne droite, qu'elle tend toujours vers un seul et même point, donnée par Bezout, et celle de la ligne courbe, qu'elle est la trace d'un point qui, dans son mouvement, se détourne infiniment peu à chaque pas, sont des plus fécondes en conséquences. Lorsqu'on définit la ligne droite le plus court chemin d'un point à un autre, on énonce une propriété de cette ligne, dont on ne peut rien tirer pour la suite des démonstrations. Quand on définit la ligne courbe *une ligne qui n'est ni droite ni composée de lignes droites*, on énonce deux négations qui ne peuvent mener à aucune conséquence et qui n'ont aucun rapport avec la nature intime de la ligne courbe. La définition donnée par Bezout entre, au contraire, dans la nature de l'objet à définir ; elle saisit sa manière d'être,

1. Bezout, *Cours de mathématiques*, Géométrie, 1775.

son caractère et met immédiatement en la possession du lecteur, l'idée féconde et générale dont on tire, plus tard, les propriétés des lignes courbes et la construction de leurs tangentes.

Ainsi, encore, lorsque Bezout dit que, pour se former une idée exacte d'un angle, il faut considérer le mouvement d'une ligne qui tourne autour d'un de ses points, il donne une idée à la fois plus juste et plus féconde en conséquences, dans les mathématiques et dans la mécanique, que lorsqu'on se borne à dire que l'espace indéfini compris entre deux droites qui se coupent en un point, et qu'on peut concevoir prolongées autant qu'on le voudra, se nomme *angle* : définition qu'on ne comprend pas très-bien, et dont, en tout cas, on ne peut absolument rien tirer pour les explications ultérieures, tandis que, au contraire, la définition de Bezout est celle dont on fait sans cesse usage.

Nous engageons donc les professeurs à revenir, dans les démonstrations, aux idées les plus simples, qui sont aussi les plus générales ; à considérer une démonstration comme terminée et complète quand elle a évidemment fait passer la vérité dans l'esprit de l'élève, et à ne rien ajouter de ce qui n'aurait pour but que de réduire au silence les sophistes dont parle Clairaut [1].

---

1. Monge, à un autre point de vue, fait, dans sa géométrie descriptive, la remarque suivante, dont l'application offrirait de grands avantages :

« La première question qui frappe d'une manière remarquable ceux qui apprennent les éléments de géométrie ordinaire, est la recherche du centre du cercle, dont la circonférence passe par trois points placés arbitrairement sur un plan. La détermination de ce centre, par l'intersection de deux lignes droites, sur chacune desquelles il doit se trouver nécessairement, frappe les élèves ; et par sa généralité, et parce qu'elle donne un moyen d'exécution. Si toute la géométrie était traitée de cette manière, ce qui est possible, elle conviendrait à un plus grand nombre d'esprits ; elle serait cultivée et pratiquée par un plus grand nombre d'hommes ; l'instruction moyenne de la nation serait plus avancée, et la science elle-même serait poussée plus loin. »

Remarques sur divers points du programme de géométrie.

De même que les élèves craignent, en arithmétique, d'être interrogés sur la division des nombres, ainsi, pendant de longues années, ils ont redouté, dans la géométrie, de voir aborder la théorie des parallèles. Tous, sans exception, éprouvant à ce sujet le même embarras, on sent qu'un résultat aussi général ne tenait point à un défaut d'esprit des élèves, mais à un vice de l'enseignement et des examens. Ainsi que nous l'avons dit, on ne peut rien tirer d'une définition de la ligne droite, dans laquelle on ne fait point entrer l'idée naturelle de la direction constante de cette ligne. L'omission de cette idée amène la complication des premiers éléments; la nécessité, pour Legendre, de démontrer que tous les angles droits sont égaux entre eux, proposition dont le sens est rarement compris, et notamment toutes les prétendues difficultés de la théorie des parallèles. Ces difficultés ont aujourd'hui à peu près disparu des examens, les professeurs ayant généralement simplifié leur enseignement par l'admission d'un *postulatum*, à l'exemple d'Euclide. Pour régulariser l'usage à cet égard, et pour éviter tout retour fâcheux dans la voie où l'on marche heureusement aujourd'hui, nous avons cru devoir prescrire que cette proposition, *qu'on ne peut, par un point donné, mener qu'une seule parallèle à une droite donnée*, serait admise purement et simplement, sans démonstration et comme résultant immédiatement de l'idée qu'on se forme de la nature de la ligne droite.

Bien qu'en rédigeant un programme d'examen nous ne puissions imposer aux professeurs aucun mode de démonstration, et que nous n'entendions pas les obliger à suivre l'ordre des idées qui résulterait de notre programme, nous ferons cependant remarquer que cet ordre suppose les propriétés des lignes établies sans aucun emploi des propriétés des surfaces. Nous croyons qu'il est préférable de suivre, à cet égard, Lacroix plutôt que Legendre.

Lorsqu'on démontre ainsi que trois parallèles coupent toujours deux droites en parties proportionnelles; on peut étendre cette proposition au cas où le rapport des parties est incommensurable, soit par la méthode dite de réduction à l'absurde, soit par la méthode des limites. Nous recommandons spécialement qu'on s'en tienne à cette dernière; imitant en cela le Conseil de perfectionnement, qui décida, en 1847, que la méthode des limites serait employée exclusivement dans les démonstrations relatives à la mesure du cercle et des corps ronds. Le mode de démonstration par l'absurde n'a rien en effet qui satisfasse l'esprit, et on n'y doit jamais recourir, car il est toujours possible de faire autrement. Lorsqu'on a prouvé à l'élève qu'une quantité cherchée X ne peut être ni plus grande ni plus petite que A, l'élève est bien forcé de convenir que X et A sont égaux entre eux; mais on ne lui a pas fait comprendre par là, on ne lui a pas fait saisir pourquoi cette égalité a lieu. Or, les démonstrations qui portent en elles un tel caractère, qu'une fois données, elles disparaissent en quelque sorte, pour laisser à la proposition démontrée le caractère d'une vérité évidente *a priori*, doivent être recherchées avec soin, non-seulement parce qu'elles font mieux sentir cette vérité, mais parce qu'elles préparent mieux l'esprit à des conceptions d'un ordre plus élevé. La méthode des limites est, pour un certain nombre de questions, la seule qui jouisse de ce caractère, que la démonstration est liée à la nature intime de la proposition à établir.

A l'occasion des relations qui existent entre les côtés d'un triangle et les segments formés par les perpendiculaires abaissées des sommets, nous recommanderons, une fois pour toutes, d'exercer les élèves à faire des applications numériques des relations de ce genre, chaque fois qu'il s'en présentera dans le cours de géométrie. C'est le moyen d'en bien faire comprendre le sens, de les fixer dans l'esprit des élèves, et d'exercer ceux-ci au calcul numérique, dont nous exigeons absolument qu'ils aient l'habitude.

La théorie des figures semblables a pour application immédiate l'art du lever des plans. Nous voulons que cette application soit donnée aux élèves avec détail; qu'on leur apprenne à jalonner et à mesurer une ligne droite; qu'on leur place entre les mains un graphomètre; qu'on

leur en enseigne l'usage, et qu'ils puissent, au besoin
s'en servir sous les yeux de l'examinateur.

Une étude plus complète du lever des terrains, devra,
il est vrai, être effectuée plus tard au moyen de la trigonométrie; le calcul lui donnera alors plus de précision
qu'un simple travail graphique, et il sera nécessaire de
tenir compte des différences de niveau. On aurait donc pu
regarder comme inutile de placer le lever des plans dans
la première partie des éléments de géométrie. Mais nous
avons voulu montrer qu'il était indispensable de donner
les applications dès qu'elles se présentent. Cette marche
est toute dans l'intérêt des élèves qui ne poussent pas leurs
études jusqu'à la trigonométrie, et dont on doit aussi se
préoccuper. Elle a l'avantage, à l'égard de ceux qui ap-
prendront le lever trigonométrique des terrains, de leur
faire comprendre que la trigonométrie ne fait que donner des moyens de calcul plus précis, et qu'en son
absence, on pourrait cependant, au moyen d'un dessin
exact, obtenir de bons résultats. Cette simple application,
enfin, reposera l'esprit de tous, et sera un encouragement
à l'étude d'une science dont on commencera à comprendre
l'utilité. Le soin avec lequel nous insistons sur ces points
ne paraîtra superflu qu'à ceux qui ignoreraient que, dans
les cours de géométrie, les applications sont aujourd'hui
complétement laissées de côté.

On dit, assez généralement, qu'un angle a pour mesure
l'arc de cercle compris entre ses côtés et décrit du sommet
comme centre. On a soin, il est vrai, d'ajouter qu'une
quantité ne pouvant être mesurée que par une autre de
même nature, et l'arc de cercle étant d'une nature différente de celle de l'angle, l'énoncé précédent n'est qu'un
abrégé de la proposition par laquelle on trouve le rapport
d'un angle à un angle droit. Malgré cette précaution,
l'énoncé absolu qui précède jette de l'incertitude dans l'esprit des élèves, et y produit une confusion regrettable.
Nous en dirons autant des énoncés suivants : un angle
dièdre a pour mesure l'angle plan compris entre ses côtés;
la surface d'un triangle sphérique a pour mesure l'excès
de la somme de ses trois angles sur deux angles droits, etc...;
énoncés qui n'ont point de sens par eux-mêmes, et dans

lesquels toute trace d'homogénéité a disparu. Au moment où tout le monde réclame que les élèves de l'École polytechnique comprennent mieux le sens des formules qu'on leur enseigne, ce qui exige qu'on ait toujours soin d'en faire ressortir l'homogénéité, il est indispensable qu'on porte leur attention sur ce point dès l'origine de leurs études, aussi bien en géométrie qu'en arithmétique où nous l'avons déjà réclamé. Les examinateurs devront donc insister pour qu'il ne leur soit jamais donné par les élèves, que des énoncés dans lesquels l'homogénéité soit conservée.

Le problème de la description, sur une ligne donnée, d'un segment capable d'un angle donné, sert, dans la pratique, à rapporter, sur une carte déjà construite, un nouveau point du terrain, lorsqu'on a observé sous quel angle on voit, de ce point, trois des points principaux de la carte. Comme on aura eu le soin de faire construire aux élèves l'épure du plan qu'ils se seront exercés à lever, on reprendra cette épure, et on y déterminera la position d'un nouveau point, au moyen du problème précédent. Les données devront toujours être réellement empruntées à des lieux existants : le mieux serait que les élèves les eussent relevées eux-mêmes.

La proportionnalité des circonférences de cercles à leurs rayons, doit se conclure *immédiatement* de la proportionnalité des contours des polygones réguliers, d'un même nombre de côtés, à leurs apothèmes. Pareillement, de ce que l'aire d'un polygone régulier a pour mesure la moitié du produit de son contour par le rayon du cercle inscrit, on doit conclure *immédiatement* que l'aire d'un cercle a pour mesure la moitié du produit de la circonférence, par le rayon. Pendant longtemps, on a démontré autrement ces propriétés du cercle, en prouvant, par exemple, avec Legendre, que la mesure du cercle ne pouvait être ni plus petite ni plus grande que celle que nous venons de donner, d'où il fallait bien conclure qu'elle devait lui être égale. Le Conseil de perfectionnement a fini par décider que cette méthode devait être abandonnée, et que la méthode des limites serait exclusivement admise, à l'examen, dans les démonstrations de ce genre. Cette décision a été un véritable progrès, quant à l'esprit de l'enseignement ; si ce progrès n'a pas été aussi réel quant à la simplicité, c'est, sans aucun doute, parce que le Conseil n'a pas atteint le but qu'il s'était proposé. Au lieu de considérer purement et simplement le cercle comme la limite d'une suite de polygones réguliers, dont le nombre des côtés augmente jusqu'à l'infini, et de regarder comme acquise au cercle toute propriété démontrée pour les polygones, on a inscrit et circonscrit au cercle deux polygones d'un même nombre de côtés ; on a prouvé que, par la multiplication du nombre des côtés de ces polygones, la différence de leurs aires pouvait devenir plus petite que toute quantité donnée, et on en a conclu, enfin, la mesure de l'aire du cercle ; c'est-à-dire qu'on a enlevé à la méthode des limites tous ses avantages sous le rapport de la simplicité, en ne l'appliquant pas *franchement*, comme n'ont cessé de le demander les grands géomètres qui se sont occupés de l'enseignement de l'École polytechnique, mais sans jamais pouvoir l'obtenir. Nous ne rechercherons pas les motifs de cette résistance, de cette opiniâtreté à maintenir dans l'enseignement des complications inutiles ; mais nous demandons qu'elle cesse enfin, et qu'on renonce à la prétention d'en vouloir remontrer, en fait de rigueur, aux Lagrange, aux Laplace, aux Poisson, et à Leibnitz, qui nous a donné, pour la recherche des propriétés des courbes et des surfaces, le principe suivant :

« Sentio autem et hanc et alias (methodos) hactenus ad-
« hibitas omnes deduci posse ex generali quodam meo
« dimetiendorum curvilineorum principio, quod figura
« curvilinea censenda sit æquipollere polygono infinito-
« rum laterum ; unde sequitur, quicquid de tali polygono
« demonstrari potest, sive ita, ut nullus habeatur ad nu-
« merum laterum respectus, sive ita, ut tanto magis veri-
« ficetur, quanto major sumitur laterum numerus ; ita, ut
« error tandem fiat quovis dato minor ; id de curva posse
« pronuntiari. »

C'est ce principe dont nous réclamons l'application *la plus simple* dans les démonstrations relatives à la mesure du cercle et des corps ronds. Et, parce qu'un polygone régulier a pour mesure la moitié du produit de son contour par le rayon du cercle inscrit, et qu'on le démontre *ita ut nullus habeatur ad numerum laterum respectus*, nous disons avec Leibnitz, que cette propriété peut être immédiatement étendue au cercle, *id de curva posse pronuntiari*.

Quelles que soient les formules qu'on donne aux élèves pour la détermination du rapport de la circonférence au diamètre [1], on devra leur en faire exécuter le calcul, de manière à obtenir deux ou trois décimales exactes, au moins. Ces calculs, faits au moyen des logarithmes, devront être disposés avec méthode et présentés à l'examen. On ne se borne point à exiger des candidats, des connaissances théoriques en géométrie descriptive; on veut encore qu'ils soient en état d'appliquer graphiquement les règles de construction qu'on leur a données. On a raison, sans aucun doute, et cette même marche doit être suivie, par les mêmes motifs, à l'égard des méthodes de calcul. Des feuilles de calcul, coordonnées avec ordre, doivent être, à l'égard des formules, ce que les épures graphiques sont à l'égard de la géométrie descriptive : il est également nécessaire que les unes et les autres soient placées sous les yeux des examinateurs. On peut craindre, il est vrai, que les feuilles de calcul, présentées par les candidats, n'aient point été exécutées par eux; mais cette difficulté n'est pas plus grave que pour les épures de géométrie descriptive, qu'on ne laisse pas de réclamer. Et d'ailleurs, comme on parvient à vérifier au moyen d'une épure spéciale, exécutée par l'élève lui-même sous les yeux d'inspecteurs, ou bien par des explications demandées sur les épures, que cet élève a pu effectivement les exécuter sans secours étranger, de même on pourra s'assurer qu'il est bien l'auteur des feuilles de calcul, en réclamant des explications sur la marche suivie dans quelques-unes de leurs parties, ou même en faisant calculer de nouveau, quelques points de ces feuilles sous les yeux de l'examinateur, pendant qu'il interroge les autres candidats. Rien n'est plus simple :

---

1. La méthode dite *des isopérimètres* est recommandable par sa simplicité.

on l'a pratiqué pendant longtemps, sans difficulté et avec fruit, pour le *calcul numérique du triangle.*

Les énoncés relatifs à la mesure des aires, laissent trop souvent du louche dans l'esprit des élèves, sans doute à cause de leur forme. Nous demandons qu'on les fasse mieux saisir, en insistant sur leur application par un grand nombre d'exemples. Ce sera une occasion de revenir sur la partie du système métrique qui est relative à la mesure des surfaces, et qui ne peut pas être bien comprise en arithmétique, en l'absence des notions de géométrie qu'elle suppose.

Comme application à la mesure des aires, nous demandons qu'on fasse connaître aux élèves les méthodes d'arpentage. Elles sont un peu différentes de la méthode de triangulation suivie pour le lever des plans, quoiqu'on puisse arriver aussi, par le moyen de cette dernière, à connaître la mesure de la surface du terrain dont on cherche la configuration. On peut même, lorsque l'épure d'un plan a été dessinée à une échelle donnée, en déduire la surface totale du terrain. L'élève reprendra le plan qu'il a dû précédemment exécuter, et en calculera la surface au moyen de la méthode des trapèzes. Pour que cette application soit plus fructueuse, il sera nécessaire que le terrain soit limité dans une de ses parties, par une courbe irrégulière. Non-seulement les élèves auront appris par là, comment, dans le lever, on triomphe de cette difficulté qui se présente sans cesse dans la pratique ; mais ils trouveront, dans l'évaluation de la surface par le moyen des trapèzes, une première application de la méthode des quadratures, avec laquelle il importe de les rendre familiers dès l'origine, dans l'intérêt des services publics qui en font continuellement usage. Le lever des points principaux d'un plan, la recherche d'un point secondaire au moyen d'un segment de cercle capable d'un angle donné, et les calculs de la surface du terrain, constitueront ainsi une nouvelle feuille de dessin et de calculs, qui devra être présentée à l'examen.

La plupart des remarques que nous avons faites sur la géométrie plane, trouveront leur application dans la géométrie à trois dimensions, ce qui nous dispensera d'insister longuement sur cette partie du cours. Nous avons déjà recommandé qu'on ait soin de toujours laisser l'homogénéité en évidence dans les énoncés. On devra faire de nombreuses applications de la mesure des volumes, et revenir, à leur sujet, sur la partie du système métrique qui a trait aux mesures de capacité.

La théorie des polyèdres semblables donne souvent lieu, dans les examens, à des difficultés redoutées des élèves, et dont aucun d'eux ne parvient à se tirer complétement à la satisfaction de celui qui l'interroge. Ces difficultés tiennent plus à la forme qu'au fond et à la manière dont l'esprit, suivant sa tournure particulière, saisit des relations de position, relations qui sont toujours plus faciles à sentir qu'à exprimer. Nous demandons aux examinateurs d'éviter avec soin toutes les objections de ce genre, l'expérience ayant montré que les maîtres eux-mêmes pourraient être embarrassés dans une voie pareille. Qu'on arrive, par le chemin le plus court et le plus facile, à prouver que, dans les polyèdres semblables, 1° toutes les diagonales homologues sont dans le même rapport que les arêtes homologues, 2° les aires des faces homologues et les aires totales des polyèdres sont dans le rapport des carrés des arêtes homologues, 3° les volumes sont dans le rapport des cubes de ces arêtes, et l'on aura atteint le seul but qu'on doive se proposer.

La simplicité désirable ne pourra toutefois être obtenue, tant qu'on ne se sera pas entendu sur le point de départ, c'est-à-dire sur la définition des polyèdres semblables. Le mieux est, à coup sûr, de considérer cette théorie sous le point de vue où elle est employée dans les arts, notamment dans la statuaire. Un système de points M, N, P,… (formant soit des lignes, soit des surfaces, soit un ou plusieurs corps) étant situé d'une manière quelconque dans l'espace, si l'on prend un point S, aussi quelconque (pouvant comme cas particulier être l'un de ceux du système); qu'on mène des droites SM, SN, SP,… et que sur ces droites, prolongées au besoin, on porte, à partir du point S, les distances SM′, SN′, SP′,… proportionnelles à SM, SN, SP,.. et dirigées respectivement dans le même sens; les points

M', N', P',... ainsi obtenus, formeront un système *semblable* au système M, N, P, et *semblablement placé* par rapport au point S, qui s'appelle *pôle commun de similitude.* Les points M', N', P',... sont respectivement les *homologues* des points M, N, P... Des droites telles que M'N' et MN, qui joignent deux points d'un système et leurs homologues dans l'autre, sont donc des *droites homologues.* Enfin deux plans, passant l'un par trois points d'un système, et l'autre par les trois points homologues du système semblable, sont *deux plans homologues.* Cela posé, on démontre : 1° que, dans deux systèmes semblables et semblablement placés, deux *droites homologues* quelconques sont parallèles, et que leurs longueurs sont entre elles dans le rapport des distances de deux points homologues quelconques au pôle commun ; 2° que les plans homologues sont parallèles ; 3° que les angles plans, dièdres ou polyèdres homologues, sont égaux. — Deux systèmes peuvent être semblables, sans être semblablement placés ; mais il faut pour cela qu'il soit possible d'en construire un troisième, égal à l'un d'eux et en même temps semblable à l'autre et semblablement placé par rapport à un pôle commun. Il ne sera fait aucune question sur ce dernier point.

Les aires et les volumes du cylindre, du cône et de la sphère devront être déduites des aires et des volumes du prisme, de la pyramide et du secteur polygonal, avec la même simplicité que nous avons exigée pour la mesure de la surface du cercle, et par les mêmes motifs. C'est, d'ailleurs, le seul moyen d'étendre aisément aux cônes et aux cylindres à bases quelconques, droits ou obliques, celles des propriétés des cônes et des cylindres droits et à bases circulaires, qui leur sont applicables. Des exemples numériques de l'évaluation, au moyen des logarithmes, de ces aires et de ces volumes, y compris l'aire d'un triangle sphérique, seront l'objet d'une feuille de calculs qui devra être présentée aux examinateurs.

IV. Algèbre.

L'algèbre n'est pas, comme l'arithmétique et la géomé-trie, indispensable à tous les hommes. Ce n'est qu'avec une grande réserve qu'on doit l'introduire dans l'enseigne-ment général de la jeunesse, et nous l'en verrions même disparaître complétement sans regret, les logarithmes ex-ceptés, si cette simplication devait profiter à l'étude de l'arithmétique et de la géométrie. Nous n'avons donc à la considérer ici qu'au point de vue de l'utilité dont elle peut être pour les ingénieurs, et à en éliminer avec soin tout ce qui ne leur est pas nécessaire.

Le calcul algébrique n'offre aucune difficulté sérieuse, lorsqu'on pénètre bien les élèves de cette idée, que chaque lettre représente un nombre, et surtout lorsqu'on n'entre-prend pas d'y introduire, dès l'origine et d'une manière absolue, la considération des quantités négatives. Il se peut que le professeur entende le sens des considérations abs-traites auxquelles on est alors forcé d'avoir recours; mais ce n'est très-certainement que par la réunion mentale d'une foule de notions que ne possèdent pas alors les élèves; ceux-ci n'y peuvent rien comprendre et n'y com-prennent effectivement rien. Dans certains ouvrages, ces notions sont même tout à fait fausses. Les quantités néga-tives et leurs propriétés ne doivent être introduites qu'à mesure que la résolution des questions, au moyen des équations, en fait sentir la nécessité, soit pour généraliser les règles du calcul, soit pour étendre le sens des formules auxquelles il conduit. « La multiplication, dit Clairaut, est de toutes ces opérations celle qui arrête ordinairement le plus les commençants, et dont l'explication embarrasse le plus les maîtres : ce principe qu'elle renferme, que deux quantités négatives donnent pour leur produit une quan-tité positive, est presque toujours l'écueil des uns et des autres.

« Pour éviter d'y tomber, je n'établis ce principe qu'a-près avoir fait faire des opérations, dans lesquelles on a dû en remarquer la nécessité... Je traite à fond de cette

3

multiplication (des quantités négatives), après en avoir montré la nécessité au lecteur, en le conduisant à un problème où l'on est obligé de considérer des quantités négatives, indépendamment d'aucunes quantités positives dont elles soient retranchées.

« Lorsque je suis parvenu, dans ce problème, au point où il s'agit de multiplier ou de diviser des quantités négatives les unes par les autres, je prends le parti qu'ont sans doute pris les premiers analystes qui ont eu de ces opérations à faire, et qui ont voulu suivre une route entièrement sûre ; je cherche une solution au problème, par laquelle je puisse éviter toute espèce de multiplication ou de division de quantités négatives ; par ce moyen j'arrive au résultat, sans employer d'autres raisonnements que ceux sur lesquels on ne peut former aucun doute, et je vois ce que doivent être ces produits ou quotients des quantités négatives, que m'avait donnés la première solution.

« Il n'est pas difficile d'en tirer ensuite ces principes si fameux que *moins* par *moins* donne *plus*, etc... Je délivre ainsi ces principes de tout ce qu'ils ont de choquant, et le lecteur parvient en même temps à connaître la nature des solutions négatives des problèmes. »

Bezout en agit de même. Il ne parle des quantités négatives, que quand il rencontre le premier exemple *de calcul*, $-x = -b$, qui l'y conduit. Et ce n'est que plus tard qu'il aborde la signification des solutions négatives qu'on rencontre dans la résolution des problèmes.

Nous recommandons aux professeurs d'imiter l'exemple de Clairaut et de Bezout, de ne parler aux élèves des quantités négatives, que lorsque la nécessité vient à s'en faire sentir, et lorsqu'ils sont déjà familiarisés avec les calculs algébriques, et surtout de ne point perdre un temps précieux dans des discussions et des démonstrations obscures que la meilleure théorie n'apprendra jamais aux élèves aussi bien que des applications multipliées.

Depuis un certain nombre d'années, on reprend, en algèbre, le calcul des fractions, attendu que les termes des fractions littérales pouvant être des quantités quelconques, on doit généraliser les explications données en arithmétique. Nous ne nions pas qu'en toute rigueur, il ne soit

3.

utile de le faire. Mais , si l'on voulait en agir ainsi pour tout
le cours de mathématiques , il faudrait dix années pour
l'étudier. Les très-savants analystes et professeurs qui nous
ont précédés , croyaient mieux employer leur temps en
allant en avant , et en exerçant l'esprit sur des vérités nouvelles plutôt que de les ramener continuellement sur des
règles déjà données , afin d'imprimer à la démonstration un
nouveau degré de rigueur , ou de donner à la règle elle-
même une extension dont personne ne doute. Nous croyons
qu'on fera bien de les imiter , et de retrancher les explications données en algèbre sur les fractions littérales.

L'étude des équations numériques du premier degré , à
une ou plusieurs inconnues , doit être faite avec un grand
soin. Nous avons spécifié au programme que la résolution
de ces équations serait donnée par la méthode dite *de substitution*. Il eût suffi assurément , pour nous faire agir
ainsi , de remarquer que ce qu'on appelle les autres méthodes , et notamment la méthode dite *de comparaison* ,
rentrent absolument dans la méthode dite *de substitution* ;
en sorte qu'il vaudrait mieux consacrer plus de temps à
bien étudier cette dernière sous une forme unique , plutôt
que de la savoir mal sous trois ou quatre formes. Il existe
un autre motif d'en agir ainsi. Dans les traités d'algèbre ,
on ne considère que des équations dont les coefficients
numériques et les solutions sont des nombres très-simples.
La méthode dont on fait usage et l'ordre dans lequel on
élimine les inconnues importent alors fort peu. Mais il en
est autrement dans la pratique , où les coefficients sont des
nombres compliqués , donnés avec des décimales , et où les
valeurs numériques de ces coefficients peuvent être fort différentes dans une même équation , les unes étant très-
grandes et les autres très-petites.

La méthode dite *de substitution* peut seule alors être
employée avec avantage , et encore faut-il la pratiquer dans
un ordre convenable , en ayant soin de prendre la valeur
de l'inconnue à éliminer , dans celle des équations où elle
a relativement le plus grand coefficient. Or, la méthode dite
de comparaison n'est que la méthode de substitution
mise sous une forme où les précautions dont nous venons

de parler ne peuvent être observées ; en sorte qu'en général, la méthode dite *de comparaison* ne donnera dans la pratique que de mauvais résultats et d'une manière très-pénible. Il est donc nécessaire qu'on s'en tienne exclusivement à la méthode dite *de substitution*. Les candidats devront présenter aux examinateurs le calcul complet de la résolution de quatre équations à quatre inconnues , fait avec toute l'exactitude que comportent les tables logarithmiques de Callet , et la preuve que cette exactitude a bien été obtenue. Les coefficients , comprenant des décimales , devront être très-différents entre eux , et l'élimination devra avoir été effectuée avec les précautions que nous avons indiquées.

On ne se préoccupe plus du tout dans l'enseignement de savoir si telle ou telle méthode qu'on présente aux élèves serait applicable. Pourvu que la forme ait quelque élégance, on se tient pour satisfait, et l'on arrive ainsi à donner à ces élèves une suite de méthodes qu'ils sont obligés d'abandonner et de changer dès qu'ils abordent la pratique. Ce dédain profond de l'application , répandu aujourd'hui dans l'enseignement , n'a point pour excuse l'exemple de nos grands géomètres, dont l'esprit était sans cesse tourné vers les applications ; et, par exemple, les remarques que nous venons de faire sur la résolution numérique des équations du premier degré n'avaient point échappé à l'illustre Lagrange. Laplace, dans ses leçons à l'École normale, avait recommandé l'emploi du tracé des courbes, pour résoudre directement toute espèce d'équations numériques.

Quant aux équations littérales du premier degré , nous demandons les formules propres à la résolution des équations à deux ou à trois inconnues. La méthode d'élimination de Bezout devra être donnée, comme une première application de l'emploi si fécond des indéterminées. On bornera la discussion générale des formules au cas de deux inconnues. La discussion de trois équations à trois inconnues x , y et z, dans lesquelles les termes indépendants des inconnues sont nuls , devra se faire directement par cette considération simple , que le système ne renferme véritablement alors que deux inconnues ; savoir : les rapports de x et y, par exemple, à z.

En excluant la démonstration de la formule générale par laquelle on résout un système de m équations du premier degré, contenant m inconnues, nous croyons devoir ajouter que cette question ne pourra jamais être traitée à l'examen. L'expérience a, en effet, montré qu'il ne suffit pas que les examinateurs *ne demandent* pas une théorie, pour qu'elle ne s'introduise pas dans l'enseignement. Quelques élèves l'apprennent, l'offrent à l'examinateur pour se distinguer ; les autres suivent bientôt l'exemple pour ne pas paraître inférieurs. Nous pourrions citer des théorèmes célèbres dont le Conseil de perfectionnement a formellement, et à plusieurs reprises, refusé l'insertion dans le programme d'admission, et qui n'y ont pas moins pris place comme matière courante, par la cause que nous avons indiquée. C'est pourquoi il est absolument nécessaire que les examinateurs ne laissent jamais développer, au tableau, une théorie repoussée des programmes, et que le jury d'admission, dans le rapport annuel qu'il aura à faire au Ministre, fasse expressément mention de l'observation rigoureuse de cette clause.

On a, depuis quelques années, ajouté aux équations du premier degré, la résolution des inégalités du premier degré à une ou plusieurs inconnues. Nous ne laissons pas subsister cette addition. Elle ne se trouve pas, il est vrai, au programme écrit, publié par l'École polytechnique, et auquel nous paraissons ainsi n'apporter à cet égard aucune modification. Nous rappellerons, une dernière fois, que ce programme écrit et le programme malheureusement introduit par l'usage, sont complétement différents, et que c'est le dernier que nous avons en vue.

Les équations du second degré doivent être, ainsi que celles du premier, données avec soin. En insistant sur le cas où le coefficient de x^2 converge vers zéro, on remarquera que, lorsque le coefficient est très-petit, une des racines serait donnée, au moyen de la formule ordinaire, par la différence de deux nombres presque égaux ; de sorte qu'on n'atteindrait une exactitude suffisante qu'avec beaucoup de peine. On montrera comment cet inconvénient peut être évité.

On rencontre souvent des expressions dont le maximum ou le minimum peuvent se déterminer par la considération d'une équation du second degré. Nous maintenons leur étude, surtout en faveur de ceux qui n'auront pas l'occasion d'aller jusqu'à la théorie générale des maxima et des minima.

La théorie du calcul algébrique des quantités imaginaires, donnée *a priori*, peut, au contraire, être, sans inconvénients, laissée de côté. Il suffit que les élèves sachent que les différentes puissances de $\sqrt{-1}$ reproduisent toujours périodiquement l'une de ces quatre valeurs ± 1, $\pm \sqrt{-1}$. Nous en dirons autant du calcul des valeurs algébriques des radicaux, calcul qui ne sert absolument à rien, et sur lequel on a trop souvent donné aux élèves des explications fort inexactes, sinon entièrement fausses. Les examens devront être restreints au calcul des valeurs *arithmétiques* des radicaux. On fera connaître, à cette occasion, la notation des exposants fractionnaires et celle des exposants négatifs.

La théorie des nombres a pris, dans les examens d'admission, un développement de plus en plus considérable, que rien ne justifie; car, non-seulement elle n'est d'aucun usage dans les applications, mais, en outre, elle constitue dans les mathématiques pures, une science à part. Résoudre en nombres entiers une équation à coefficients entiers est un problème de pure spéculation, dans lequel on se pose des conditions arbitraires qu'on ne doit pas rencontrer dans la pratique. La théorie des fractions continues se présente au premier abord, comme plus digne d'intérêt par ses applications : on en fait usage, en effet, dans les cours, pour la résolution des équations algébriques et pour celle de l'équation exponentielle $a^x = b$. Mais cette utilité n'est qu'apparente; car les méthodes où l'on fait ainsi entrer les fractions continues sont complétement impraticables. Le Conseil de perfectionnement l'a reconnu à l'égard du développement des racines incommensurables des équations algébriques en fractions continues, développement qu'il a fini par proscrire en indiquant, dans le programme, que la résolution, par approximation, des équations numériques à une seule inconnue, s'effectuerait par la méthode de Newton.

Et, quant au calcul d'un logarithme par les fractions continues, qui pourrait soutenir que c'est ainsi qu'on doit l'effectuer? Qui voudrait entreprendre par cette voie le calcul d'un seul logarithme avec l'exactitude dont on a besoin dans les tables? Ce n'est point ainsi qu'on peut s'y prendre dans la pratique : il faut commencer par calculer les logarithmes par quelque autre moyen, et s'en servir ensuite pour résoudre l'équation $a^x = b$. En supprimant l'emploi des fractions continues, nous ne retranchons donc de l'algèbre aucune théorie applicable et utile ; mais nous avons pour but de faire qu'on n'enseigne pas cette science au rebours de ce qui se pratique dans les applications.

La théorie des séries réclame, au contraire, qu'on lui donne quelques développements de plus. Les séries se rencontrent sans cesse dans la pratique; elles donnent les solutions les plus avantageuses de beaucoup de questions, et il est indispensable qu'on sache dans quelles circonstances on peut en faire un emploi sûr. On trouvera, dans le programme, les connaissances que les élèves doivent posséder sur ce sujet.

Nous avons insisté assez souvent sur la nécessité d'apprendre enfin aux élèves à calculer, pour justifier l'étendue donnée au programme, en ce qui concerne les logarithmes. Nous avons supprimé la détermination des logarithmes par les fractions continues, méthode qui est purement idéale et complétement inapplicable, et nous y avons substitué l'emploi de la série qui donne le logarithme de $n + 1$, quand on connaît celui de n. Pour exercer les élèves au calcul des séries, on leur fera déterminer les logarithmes des nombres, depuis 1 jusqu'à 10, depuis 101 jusqu'à 110, et depuis 10000 jusqu'à 10010, ces derniers ayant pour objet de leur montrer avec quelle rapidité marche le calcul quand les nombres sont considérables : le premier terme de la série est alors suffisant, les variations des logarithmes étant sensiblement proportionnelles aux variations des nombres, dans les limites de l'exactitude dont on a besoin. Dans les calculs logarithmiques, les élèves seront exercés à juger de l'exactitude qu'ils auront pu atteindre : la considération des valeurs numériques des parties proportionnelles, inscrites dans les tables, est tout à fait suffisante pour cet objet, et c'est d'ailleurs la seule dont on puisse faire usage dans la pratique.

L'emploi de la règle à calcul, qui n'est qu'une application des logarithmes, donne un moyen rapide et portatif d'exécuter avec approximation, une foule de calculs pour lesquels on n'a pas besoin d'une grande exactitude. Nous demandons, avec le Conseil de l'École de Metz, que l'usage de ce petit instrument soit rendu familier aux candidats. Ils devront être en état de s'en servir pour effectuer rapidement, devant l'examinateur et avec l'exactitude qu'on peut ainsi obtenir, les principales opérations de l'arithmétique. « La cinquième proposition, est-il dit dans le rapport du Conseil de l'École de Metz, relative à l'emploi de la règle à calcul, est vivement appuyée par tous les professeurs de l'École d'application, et spécialement ceux de topographie, d'artillerie, de constructions et de mécanique appliquée, qui ont pu se convaincre, par l'expérience, de l'utilité de cet instrument. En raison de cette utilité et des nombreuses applications qui peuvent en être faites, dans la pratique des divers services, pour abréger de longs et fastidieux calculs, tels que ceux d'un état estimatif, le Conseil émet le vœu que l'on rende l'usage de cette règle familier aux élèves pendant leur séjour à l'École polytechnique, ou même que l'on fasse, de cette connaissance, *une des conditions d'admission à l'École*, ainsi que cela a lieu pour l'usage des tables de logarithmes, avec lesquelles la règle à calcul a, d'ailleurs, la plus grande analogie. »

Avant d'aborder les questions d'algèbre supérieure, nous devons rappeler que c'est surtout sur cette partie qu'il y aura nécessité de faire porter les réductions dont nous avons reconnu l'urgence. La théorie générale des équations a pris, dans les examens, un développement anormal et tout à fait contraire aux volontés formellement exprimées du Conseil de perfectionnement : les matières qu'il avait repoussées ne devront point figurer dans notre programme mais, en dehors d'elles, il y aura, en outre, de notables simplifications à apporter au programme écrit, et surtout à la manière dont il est entendu. Le Conseil de perfectionnement en a reconnu le besoin, lorsqu'il a retranché l'élimination entre les équations algébriques de degrés quelconques.

Lorsqu'on discutait, en 1839, sur l'introduction proposée de la physique dans le programme d'admission, et que des craintes étaient exprimées que par là le programme ne se trouvât trop chargé, un savant examinateur d'analyse répondait « que ce qu'on voulait, c'était une substitution plutôt qu'une augmentation de connaissances ; et que, par exemple, on pourrait retrancher, en grande partie au moins, ce qui regarde la théorie générale des équations. » Or, la physique a été introduite plus tard, ainsi que la chimie et la géométrie descriptive, mais par addition et non par substitution ; car, si l'on a ôté l'élimination en 1849, on avait ajouté, en 1845, la résolution des équations binômes par les lignes trigonométriques, et, antérieurement, la décomposition des fractions rationnelles en fractions simples. C'est de ces développements sur la théorie des équations que le savant directeur des études, M. Coriolis, écrivait qu'ils ne valaient pas ce qu'ils avaient coûté de temps aux élèves. Ajoutons qu'il est fort rare qu'on rencontre une équation numérique de degré élevé à résoudre, et que ceux à qui cela arrive se gardent bien alors d'en chercher les racines par les méthodes qu'on leur a données pour cet objet. Ces méthodes, enfin, ne sont point applicables aux équations transcendantes, qu'on trouve bien plus fréquemment dans les applications, et de la résolution desquelles on ne s'occupe point.

La théorie du plus grand commun diviseur algébrique, dans toute sa généralité, n'est d'aucun usage, même dans la science pure, sinon dans l'élimination entre les équations de degré quelconque. Du moment que le Conseil de perfectionnement a retranché la théorie de l'élimination, à moins de la rétablir, ce serait un contre-sens de vouloir maintenir celle du plus grand commun diviseur.

On considère habituellement, dans la théorie générale des équations algébriques, les polynômes dérivés des fonctions entières de x. Ces polynômes sont en effet utiles dans plusieurs circonstances, et notamment dans la théorie des racines égales : en géométrie analytique, ils servent à la discussion des courbes, à la détermination de leurs tangentes; mais, par cela même qu'on rencontre très-souvent des courbes transcendantes dans la pratique, les fonctions dérivées, bornées à celles des polynômes entiers, ne rendent pas, dans les études antérieures à l'admission, tous les services qu'on pourrait en tirer, si elles étaient étendues à toutes les fonctions. Aussi est-il assez d'usage, dans l'enseignement, de donner les dérivées des fonctions algébriques et fractionnaires, des fonctions transcendantes, logarithmiques, exponentielles et circulaires ; en sorte que nous n'y ajouterons réellement rien en régularisant cet usage par l'introduction, dans le programme élémentaire, du calcul des dérivées de ces sortes de fonctions. Cette mesure est d'ailleurs réclamée depuis longtemps par les hommes compétents, non-seulement parce qu'elle doit être d'un grand secours dans l'enseignement de la géométrie analytique, mais encore parce qu'elle facilitera les premières leçons du calcul infinitésimal à l'École polytechnique, et permettra au professeur de passer plus rapidement sur ces commencements.

En simplifiant la théorie des équations algébriques, et en l'étendant sur les points essentiels aux équations transcendantes, nous n'avons rien retranché des idées générales sur la composition d'un polynôme entier au moyen des facteurs correspondants à ses racines. Nous maintenons même l'énoncé du théorème de Descartes et la décomposition de l'équation en plusieurs autres, quand elle contient des racines égales; parce qu'on trouve dans cette partie de la théorie le germe d'idées utiles, mais nullement pour l'usage qu'on en fera dans la pratique. Nous tenons donc à ce que les examinateurs se renferment scrupuleusement, à cet égard, dans la simplicité du programme, et que, sur le théorème de Descartes, par exemple, ils se bornent à demander le principe fondamental, savoir, que, dans une équation algébrique, complète ou incomplète, le nombre des racines positives ne peut pas surpasser le nombre des variations de signes.

Le point capital, pour la pratique, est de pouvoir déterminer commodément une racine incommensurable d'une équation algébrique ou transcendante, quand on vient à en rencontrer une. Considérons d'abord une équation algébrique.

Toutes les méthodes qui ont pour but de séparer les racines ou d'en approcher, commencent par la substitution de la suite de nombres entiers consécutifs, dans le premier membre de l'équation. On ne donne habituellement aux élèves aucune règle pour effectuer ce calcul rapidement et avec certitude, et la substitution directe se complique extrêmement, dès que les nombres substitués deviennent considérables. On peut cependant abréger notablement, en déduisant les résultats les uns des autres par le moyen de leurs différences, et se garantir contre la possibilité de toute erreur, en vérifiant quelques-uns de ces résultats, ceux qui correspondent aux nombres les plus faciles à substituer, tels que $\pm$ 10, $\pm$ 20, etc. Nous demandons qu'on ne néglige plus d'enseigner cette marche aux élèves.

Il y a plus : supposons qu'ayant à résoudre une équation du troisième degré, on ait reconnu, par les calculs précédents, la nécessité de substituer entre les nombres 2 et 3, des nombres équidistants entre eux d'un dixième, soit afin de continuer à opérer la séparation des racines, soit pour approcher davantage d'une racine comprise entre 2 et 3. Si l'on connaissait, pour le résultat correspondant à la substitution de 2, les différences première, seconde et troisième des résultats des nouvelles substitutions, on en déduirait ces résultats eux-mêmes avec autant de simplicité que lorsqu'il s'agissait de la substitution des nombres entiers. Or, on sait que les différences cherchées peuvent se déduire, presque sans calcul, des anciennes différences relatives aux résultats de la substitution des nombres entiers. La troisième nouvelle différence, par exemple, sera simplement la millième partie de l'ancienne troisième différence. Remarquons encore qu'il n'y aura pas d'erreur possible, puisque, les nombres étant déduits les uns des autres, quand on arrivera ainsi au résultat de la substitution de 3, qui a déjà été calculé, tout le travail se trouvera naturellement vérifié. Cette marche, réunissant la simplicité à la certitude, est donc bien celle qu'il convient de suivre.

Supposons encore qu'on ait reconnu ainsi que l'équation a une racine comprise entre 2,3 et 2,4 : on en approchera davantage en substituant les nombres intermédiaires et distants les uns des autres de 0,01. Or, les résultats de ces substitutions s'obtiendront par la même marche que nous venons d'indiquer ; et, loin que le calcul devienne plus compliqué, à mesure que les nombres à substituer grandiront, il se simplifiera au contraire ; car les troisièmes différences devenant de mille en mille fois plus petites, on pourra bientôt les négliger, sans qu'il en puisse résulter d'erreur sur la racine qu'on cherche. Le moment où l'on pourra omettre les troisièmes différences sera facile à déterminer, par la considération de l'exactitude qu'on veut donner à la racine, et des variations correspondantes des nombres substitués et des résultats de ces substitutions. Dès qu'on pourra négliger les troisièmes différences, le calcul s'achèvera d'un seul coup, par la considération d'une équation du second degré ; ou bien, si l'on préfère prolonger les approximations jusqu'à ce que les secondes différences deviennent à leur tour négligeables, le calcul s'achèvera alors par une simple proportion. On pourra s'en tenir à cette dernière considération.

Lorsque ayant une équation transcendante $f(x) = 0$, on a substitué dans $f(x)$ des nombres équidistants, assez voisins les uns des autres pour que les différences des résultats deviennent négligeables à partir d'un certain ordre, à partir du 4° ordre, par exemple, on peut, entre certaines limites de x, remplacer la fonction transcendante par une fonction algébrique et entière de x, et ramener ainsi la recherche des racines de $f(x) = 0$ à la théorie précédente.

Que l'équation proposée soit algébrique ou transcendante, on peut aussi, quand on en a obtenu une racine avec une exactitude convenable, continuer l'approximation par la méthode de Newton.

V. Application de l'algèbre à la géométrie.

Cette partie du cours est celle qui prête le moins à la critique, sous le rapport de la méthode d'enseignement. Quelques points ont peut-être reçu trop de développement ; mais la lecture du programme suffira pour montrer dans quelles limites il est nécessaire de restreindre les questions faites aux examens. Nous n'aurons que peu d'observations à présenter ici.

Trigonométrie.

En exposant l'emploi des tables trigonométriques, on insistera sur l'exactitude dont on peut répondre relativement à un angle, en le représentant par le logarithme de telle ou telle de ses lignes trigonométriques. La considération des parties proportionnelles suffira pour cet objet. On verra, par exemple, que si le sinus détermine parfaitement un petit angle, l'exactitude qu'on peut attendre de l'emploi de cette ligne diminue à mesure que l'angle grandit, et finit par devenir tout à fait insuffisante dans les environs de 90 degrés. C'est le contraire pour le cosinus, qui peut très-bien servir à représenter un angle voisin de 90 degrés, tandis qu'il ne donnerait aucune exactitude pour les petits angles. Ces remarques montrent qu'on doit, dans l'application, se défier des formules qui font connaître un angle par le sinus ou par le cosinus. La tangente seule étant exempte de ces difficultés, on doit chercher, autant que possible, à résoudre toutes les questions au moyen de cette ligne.

Imaginons qu'on donne l'hypoténuse et l'un des côtés d'un triangle rectiligne rectangle ; la détermination directe de l'angle compris s'obtiendra par un cosinus, et ainsi elle ne sera point susceptible d'exactitude si l'hypoténuse du triangle diffère peu de son côté, comme cela arrive fréquemment. On pourra alors commencer par calculer le troisième côté, qu'on emploiera ensuite avec le premier pour déterminer l'angle cherché par le moyen de sa tangente. Lorsque dans un triangle quelconque on donne deux côtés a, b, et l'angle compris C, on peut calculer

avec avantage la tangente de la demi-différence des angles
cherchés ; mais on peut aussi déterminer séparément la
tangente de chacun d'entre eux. Quand on donne les trois
côtés d'un triangle, la formule qu'on doit préférer pour le
calcul d'un angle, est celle qui donne la tangente de la moitié
de l'angle : c'est la seule qui ne soit jamais en défaut.

Lorsqu'on a donné, dans la géométrie, le lever des plans
au moyen des triangles semblables, et qu'on ne pouvait
recourir, pour comparer les résultats des observations,
qu'à des procédés graphiques, susceptibles de peu d'exactitude, on a pu se contenter de la mesure des angles au
moyen du graphomètre, et de celle des côtés des triangles
au moyen de la simple chaîne d'arpenteur ; actuellement
que la trigonométrie permettra de substituer à des constructions graphiques une méthode de calcul rigoureuse,
il deviendra nécessaire de donner aux mesures effectuées
sur le terrain toute la précision possible. En continuant
donc à supposer que le terrain soit plan, on devra enseigner aux élèves à mesurer une base avec précision au
moyen des règles, et à déterminer un angle avec rigueur
au moyen d'un cercle bien divisé, muni d'une lunette et
de verniers ; et, comme il est fort rare qu'on puisse placer
le centre du cercle au centre du signal d'une station, on
leur apprendra à réduire aux centres des stations les
angles observés. Mais comme ces procédés, longs et pé-
nibles, ne peuvent être appliqués qu'aux points principaux
du lever, et que, pour les détails, on a besoin d'une
méthode plus expéditive, on montrera comment on peut
alors faire usage de la planchette et de la boussole.

Les programmes de 1850 n'exigeaient, en trigonométrie
sphérique, rien autre chose que les formules fondamen-
tales, sans aucune application à la résolution des triangles ;
cette application est cependant indispensable pour l'étude
de la géodésie, en sorte qu'on était obligé de reprendre
l'enseignement de la trigonométrie sphérique dans l'intérieur de l'École polytechnique. C'est un des points sur
lesquels nous croyons qu'il est possible de soulager l'enseignement intérieur. Puisque le Conseil de perfectionnement a cru devoir imposer aux candidats l'étude d'une
portion de la trigonométrie sphérique, il est naturel de

compléter la mesure, d'autant plus que la trigonométrie sphérique est, en général, connue en entier de tous les élèves qui se présentent. On profitera, toutefois, de tous les moyens par lesquels on peut apporter des simplifications dans la transformation des formules, et notamment des propriétés du triangle supplémentaire.

Nous avons inscrit spécialement, au programme, les relations entre les angles et les côtés d'un triangle rectangle, qui devront être connues des élèves; ce sont celles qu'on rencontre dans la pratique. En traçant, pour la résolution des trois cas des triangles quelconques, la marche qu'il convient de suivre, nous avons indiqué celle qu'on emploie effectivement dans les applications et qui est la plus commode. On ne rencontre, au reste, jamais de cas douteux dans les applications; et, dès lors, il faut bien se garder d'en parler aux élèves.

La trigonométrie sphérique donnera enfin le moyen de ne plus supposer, dans le lever des terrains, que tous les signaux soient en un même plan. On pourra opérer sur un terrain accidenté et en obtenir la projection sur le plan de l'horizon. On déterminera en même temps les différences de niveau. On remarquera qu'on pourrait, au moyen de la géométrie descriptive, suppléer, par une construction graphique, à l'emploi de la trigonométrie sphérique; mais on n'obtiendrait ainsi, pour les différences de niveau, qu'une exactitude insuffisante.

Géométrie analytique.

Un des avantages que nous devons retirer de la connaissance des dérivées des différentes fonctions, c'est de pouvoir donner, en géométrie analytique, plus de généralité à la détermination des tangentes. Après avoir montré que cette détermination dépend du calcul de la dérivée de l'ordonnée par rapport à l'abscisse, on s'en servira pour simplifier la recherche de la tangente aux courbes du second degré, et aux courbes dans les équations desquelles entrent des fonctions transcendantes. La discussion de ces dernières, qu'on cherchait autrefois à aborder par des moyens détournés, et qui se trouvait ainsi très-pénible, deviendra maintenant facile : et, comme les courbes à équations transcendantes se rencontrent fréquemment dans la pratique, il sera bon d'exercer les élèves à leur discussion sommaire.

Les propriétés des foyers et des directrices des courbes du second degré seront établies directement, pour chacune des trois courbes, au moyen des équations les plus simples de ces courbes, et sans aucune considération des propriétés analytiques des foyers, par rapport à l'équation générale du second degré : à plus forte raison, se dispensera-t-on d'examiner si des courbes de degré supérieur ont des foyers, question dont le sens n'est même pas bien défini.

Nous avons maintenu en algèbre l'élimination entre deux équations du second degré à deux inconnues, problème qui correspond à la recherche purement analytique des coordonnées des points d'intersection de deux courbes du second degré. L'équation finale est en général du quatrième degré ; mais on peut quelquefois se dispenser de calculer cette équation. Une construction graphique des courbes, faite avec soin, suffira en effet pour faire connaître, avec approximation, les coordonnées de chacun des points d'intersection ; quand on aura ainsi obtenu une solution approchée, on pourra souvent parvenir à lui donner toute la rigueur numérique désirable, par des approximations successives, déduites des équations mêmes à deux inconnues. On étendra ces considérations à la recherche des racines réelles des équations de forme quelconque, à une inconnue.

Nous n'avons point placé à la suite de la théorie des équations du second degré, l'étude des sections planes du cône et du cylindre droit à base circulaire : la considération de ces sections viendra naturellement avec celle des sections planes des surfaces du second ordre en général.

La géométrie analytique à trois dimensions a été, pendant un certain temps, professée en entier à l'École polytechnique ; rien n'en était réservé pour les cours d'admission. Depuis quelques années, on exige des candidats qu'ils connaissent les équations de la ligne droite dans l'espace, l'équation du plan, la solution des problèmes qui s'y rap-

portent, et la transformation des coordonnées ; on a considéré que ces questions ont la plus grande analogie avec
celles qui sont relatives, en géométrie plane, à la ligne
droite, et qu'il était utile de n'en pas scinder l'étude. Mais
la considération des surfaces du second ordre avait jusqu'ici été réservée pour l'enseignement intérieur, dans lequel elle formait une annexe du cours de géométrie descriptive. Le Conseil de perfectionnement a pensé avec
raison, en 1850, que les grandes analogies qui existent
entre les surfaces et les lignes du second ordre, permettaient de compléter la séparation des matières relatives à
l'admission et de celles des cours intérieurs, en reportant
définitivement à l'admission la théorie des surfaces du second ordre. Nous maintenons cette résolution, qui est
d'ailleurs conforme à ce que demandait M. Coriolis, dans
sa note déjà citée, et à l'avis du Conseil de l'École des
ponts et chaussées. « Nous demandons, dit ce Conseil, que
l'on reporte des programmes de l'enseignement intérieur
de l'École polytechnique, aux programmes d'admission, la
partie de la géométrie descriptive et la partie de l'application de l'algèbre à la géométrie, qui ont pour objet les surfaces du second degré. Nous savons que, depuis plusieurs
années, on a de plus en plus étendu le programme des
connaissances de géométrie descriptive, exigées pour l'admission. Nous considérons comme très-bonne la voie où
l'on est ainsi entré, et dans laquelle on a persévéré à
s'avancer. Nous pensons qu'après le nouveau pas que nous
proposons, on aura atteint le terme naturel auquel on doit
se fixer. Il n'y a aucune raison solide pour réserver, à
l'École polytechnique l'enseignement géométrique ou algébrique relatif aux surfaces du second degré ; et il entre, au
contraire, dans l'esprit général des améliorations qu'on
veut réaliser aujourd'hui, de classer dans le système des
études antérieures à l'admission, ce double enseignement
qui n'exige pas une connaissance préalable du calcul diffé-
rentiel. »

Ainsi, le report de l'étude des surfaces du second ordre
aux matières de l'admission réunit un assentiment unanime.
Mais, en l'admettant, nous n'avons pas cru pouvoir inscrire
indistinctement, au programme d'examen, toutes les pro-

priétés qu'on donne dans les cours ; nous n'avons pu conserver que celles qu'il est indispensable de connaître et de retenir. La transformation des coordonnées rectilignes, par exemple, devra être faite avec simplicité, et l'on se bornera à donner aux élèves un exposé succinct de la marche à suivre ; cela leur suffira pour les cas très-rares où il arriverait qu'ils en eussent besoin. Quant aux considérations générales qui exigent des discussions théoriques fort compliquées, et notamment celle de la réduction générale de l'équation du second degré à trois variables, il est nécessaire qu'on ne les demande pas dans les examens. Parmi les problèmes relatifs à la ligne droite et au plan, nous avons retranché la détermination de la plus courte distance de deux droites.

Les propriétés des surfaces du second ordre, seront déduites des équations de ces surfaces, prises immédiatement sous les formes les plus simples. Le programme indique suffisamment quelles sont celles de ces propriétés qui pourront être demandées, et parmi lesquelles nous plaçons, au premier rang, les propriétés des surfaces susceptibles d'être engendrées par le mouvement d'une ligne droite.

En étudiant la nature des sections planes, on insistera sur les sections du cône et du cylindre droit à base circulaire, qu'on devra considérer dans leur plan même.

VI. Géométrie descriptive.

Les procédés généraux de la géométrie descriptive, leurs usages dans la coupe des pierres et des bois, dans la perspective linéaire et dans la détermination des ombres des corps, constituent une des branches les plus fécondes des applications des mathématiques, et qui a toujours été donnée avec un soin particulier à l'École polytechnique, suivant les plans tracés par l'illustre Monge. Aucune partie de ce cours n'a, pendant longtemps, été exigée des candidats pour l'admission à l'École ; mais, en 1849, le Conseil de perfectionnement décida « que la partie générale de la géométrie descriptive enseignée jusqu'ici à l'École, serait désormais exigée pour l'admission. Le cours de l'École pourrait ainsi acquérir plus d'extension et faire cesser les plaintes continuelles des écoles d'application, sur la faiblesse des élèves dans cette première partie de leur enseignement. Cette instruction serait d'ailleurs utile aux candidats qui ne réussissent pas à entrer à l'École. » Comme compensation à la surcharge qui en devait résulter dans les matières exigées pour l'admission, le Conseil retranchait de l'algèbre, l'élimination entre les équations de degrés supérieurs, comme offrant des difficultés réelles, et n'étant presque d'aucune utilité dans la pratique.

Le rapport du Conseil nous apprend, comme on le voit, quels motifs ont déterminé cette modification. Ce sont les plaintes continuelles des écoles d'application sur la faiblesse des élèves en géométrie descriptive, c'est-à-dire dans la partie la plus usuelle de leur instruction. Ces plaintes duraient en effet depuis quarante ans, sans interruption. Dès 1810 et 1811, dans les lettres de l'École de Metz, dont nous avons déjà parlé, cette École reprochait principalement à la masse des élèves, de dessiner avec incorrection et de n'avoir que des notions très-incomplètes sur la géométrie descriptive, les machines et les constructions. La réforme qui s'ensuivit, et qui laissa concentré, dans le sein de l'École polytechnique, tout l'enseignement de la géométrie descriptive et de ses applications, ne remédia point au mal. Les plaintes de Metz continuèrent. Et, par exemple, nous trouvons à la fin de 1835, le Conseil de perfectionnement de l'École polytechnique, occupé d'examiner « des réclamations présentées par le Conseil d'instruction de l'École de Metz, en ce qui concernait les connaissances des élèves en géométrie descriptive ». Le Conseil de perfectionnement ne crut pas possible, il est vrai, de donner satisfaction à des réclamations qui, suivant lui, « auraient eu besoin, au moins, d'être appuyées sur un résultat positif d'examens faits *ad hoc*, ce qui n'avait pas eu lieu jusque-là ; c'eût été naturellement, disait le Conseil, aux personnes qui se plaignaient, à faire cet examen, pour lequel les élèves auraient alors eu le temps de se préparer pendant les deux ou trois mois qui s'écoulent entre leur sortie de l'École polytechnique et leur entrée à l'École de Metz. »

On doit croire toutefois que le Conseil fut surtout arrêté par cette considération, que la satisfaction demandée ne pouvait se donner qu'au prix de changements considérables dans les habitudes contractées. Car les résultats des examens faits sur la géométrie descriptive, dans l'intérieur de l'École elle-même, ne permettaient pas de penser que les réclamations de l'École de Metz fussent dénuées de tout fondement. Lorsque chaque année, plus de quarante élèves étaient signalés par l'examinateur comme faibles ou même très-faibles, sur la géométrie descriptive et sur ses applications, il n'était pas possible d'admettre que l'enseignement de l'École polytechnique ne laissât, sur ce point, rien à désirer. C'est ce que reconnut le Conseil de perfectionnement en 1849, lorsqu'il décida que le temps qui était consacré, dans l'intérieur de l'École, à la géométrie descriptive et à ses applications, n'étant point suffisant pour les exposer convenablement, il était nécessaire de reporter l'enseignement des méthodes générales à l'admission, afin de laisser plus de temps au développement des applications ultérieures.

La nécessité absolue d'opérer ce changement, sauf à débarrasser l'admission de quelques superfétations, était, au reste, reconnue depuis longtemps et demandée par une foule d'hommes éclairés, dont l'un des plus savants directeurs de l'École polytechnique se rendait l'organe dix ans auparavant, dans une note intitulée : *Modifications à introduire dans l'ensemble de l'enseignement des élèves de l'École polytechnique*, note que nous avons déjà citée.

« Le défaut capital aujourd'hui, dans cet ensemble d'enseignement, disait M. Coriolis, c'est la mauvaise proportion dans la durée des études consacrées à ses différentes parties. On donne un temps considérable aux matières exigées pour l'admission à l'École : la concurrence produit cet effet forcément. A l'École polytechnique, on passe très-légèrement sur des théories essentielles et sur leurs principales applications ; et dans les écoles spéciales, on est obligé de revenir sur des points scientifiques qui, étant communs à tous les services alimentés par l'École, devraient y être enseignés. La division naturelle des études, comme le comporte l'institution de l'École polytechnique, doit être telle qu'on y professe tout ce qui est commun aux différents services qu'elle alimente, et qu'on réserve pour les écoles d'application ce qui est spécial à chacun d'eux.

« Il devient nécessaire de soulager les écoles d'application et de leur rendre le temps dont elles ont besoin. D'une autre part, si l'on se reporte à l'enseignement qui précède celui de l'École polytechnique, on reconnaîtra que, par l'effet de la grande concurrence, les candidats mettent un temps considérable à apprendre beaucoup de choses qui leur servent très-peu dans le reste de leurs études scientifiques, ou qui leur sont moins utiles pour les applications que beaucoup d'autres matières qu'ils sont forcés d'effleurer à l'École polytechnique. Or, il faut ici partir de ce point incontestable, c'est que, quoi qu'on fasse, les candidats consacreront toujours un temps considérable aux matières du programme d'admission, quelque restreint qu'il soit dans sa lettre.

« L'entrée à l'École sera toujours une prime au travail; on ne pourra jamais faire que, hors quelques exceptions rares, les jeunes gens soient admis par la seule capacité. La nécessité de ne pas laisser prise au soupçon d'arbitraire dans les choix, oblige à demander aux candidats des connaissances acquises par de longues études et constatées par des examens publics. Depuis que la concurrence est devenue plus grande, les candidats ont été forcés de consacrer plus de temps à leurs études, sans que pourtant on ait rien ajouté depuis bien des années *au programme écrit*. Il était très-rare, il y a trente ans, qu'on se présentât plus d'une fois ; aujourd'hui la grande majorité des candidats se présentent deux fois, et un grand nombre se présentent trois fois. Ainsi, pour ceux-là, le temps des études est au moins de deux années plus considérable qu'il ne l'était il y a trente ans. A quoi ce surcroît d'années est-il consacré? A mieux savoir beaucoup de propositions sur la géométrie, sur les sections coniques et quelques théorèmes sur la théorie des équations, à se préparer à divers problèmes et à des questions accessoires que proposent les examinateurs. Ce supplément de connaissances vaut-il ce qu'il a coûté de temps aux élèves? Tout le monde sait qu'il y a très-peu de savants mathématiciens qui répondraient très-bien à un examen d'admission pour l'École polytechnique. Tout ce qu'on exige des candidats, quoique n'étant pas inutile, n'est donc pas indispensable ; cela suffit pour qu'on se décide à en retrancher une partie, maintenant que le temps des études est devenu si précieux. Mais, comme il faut, dans le programme, des matières assez difficiles pour servir à distinguer les capacités, et que d'ailleurs on ne pourra jamais empêcher que les candidats ne mettent quatre ans à se préparer, on est naturellement conduit à leur demander une partie de ce qui s'enseigne aujourd'hui à l'École polytechnique ; c'est le seul moyen de les forcer à ne plus se traîner sur les matières de l'ancien programme. Pour rendre cette idée praticable, il faudra, pendant quelques années, indiquer question par question, ce qu'on aura seulement droit d'exiger dans cet ancien programme ; cela sera nécessaire pour que les professeurs des colléges soient assurés qu'ils peuvent réduire beaucoup ce qui a fait jusqu'à présent l'objet de la préparation aux examens. »

C'est à ce vœu général, exprimé par M. Coriolis, que le Conseil de perfectionnement a donné un commencement de satisfaction, en 1849, en débarrassant l'enseignement intérieur de l'École, de la partie générale de la géométrie descriptive et en faisant subir à l'enseignement de ses applications une refonte complète sur laquelle nous reviendrons plus tard.

Nous avons déjà, à diverses reprises, eu l'occasion de dire, et nous avons montré par de nombreuses citations, que le Conseil de perfectionnement avait souvent témoigné son désir de voir introduire, dans l'enseignement de l'École polytechnique, des réformes, dont nous n'aurions pas à réclamer aujourd'hui l'exécution, si les vœux du Conseil avaient eu plus de suite, et s'il avait toujours su, comme en 1849, poursuivre jusqu'au bout l'accomplissement de sa pensée. A quoi cette impuissance du Conseil, pour mener à bonne fin la rénovation tant de fois désirée de l'enseignement, a-t-elle donc tenu ? M. Coriolis va nous l'apprendre.

« Le Conseil de perfectionnement présente aujourd'hui

le grave inconvénient de ne pas offrir de majorité stable.
Les membres étrangers, soit à l'École, soit aux écoles
d'application, viendront à une séance et ne viendront pas
à la suivante, et les projets qui auraient besoin d'être dis-
cutés à plusieurs reprises, se ressentent du déplacement de
la majorité. On a vu souvent des questions très-graves,
être décidées dans des sens opposés à peu de jours d'intervalle, parce que tel membre influent, venu à une première
séance, n'avait pu se rendre à la suivante, où s'était trouvé
un nouveau membre exerçant une influence différente. »

Ce report de la géométrie descriptive dans les matières
de l'admission, exigeait toutefois qu'on les simplifiât sous
quelque autre point de vue. C'est ce qu'entendit faire le Conseil, par la suppression de l'élimination entre les équations de
degré quelconque. Mais cette suppression était loin d'équi-
valoir à ce qu'on ajoutait, et si l'on considère que, quelques années auparavant, on avait introduit l'étude de la
physique et de la chimie, et, dans l'algèbre même, des
matières plus qu'équivalentes, en étendue, à l'élimination,
on reconnaîtra que nous ne saurions maintenir la résolution prise à l'égard de la géométrie descriptive, ni à plus
forte raison renvoyer quelques parties des programmes
des cours intérieurs aux programmes d'admission, sans
apporter dans ces derniers de nouvelles et notables simplifications. C'est ce que nous avons fait surtout dans l'algèbre, soit en supprimant complétement certaines matières inutiles, soit en simplifiant l'enseignement des
autres.

Nous exigerons donc des candidats à l'École polytechnique, le vœu de l'École des ponts et chaussées, qu'ils connaissent les méthodes générales de la géométrie descriptive;
conformément aux principes que nous nous sommes posés,
nous aurons ainsi placé les applications à côté de la théorie
pure, ce qui est indispensable, en vue surtout du grand
nombre d'élèves qui n'arrivent pas jusqu'à l'École polytechnique, et auxquels nous devons une instruction qui
leur soit utile en elle-même. Enfin toute réforme, véritablement sérieuse, dans l'enseignement intérieur de l'École
ne peut être obtenue qu'à ce prix.

Quant au programme lui-même, il est inutile d'en rien dire; il a été établi par Monge, et l'étendue que ce célèbre géomètre lui avait donnée, ainsi que les méthodes qu'il avait créées, ont été jusqu'ici maintenues. Nous ne faisons donc, à peu de chose près, que reproduire le programme de l'enseignement intérieur, en 1844. Nous supprimons l'épure de la plus courte distance de deux droites, dont la complication est désagréable et sans utilité.

Les candidats devront, comme par le passé, présenter à l'examinateur les épures relatives à toutes les questions du programme, revêtues de la signature de leur professeur. Nous leur rappelons qu'il serait contre leur propre intérêt d'user d'aucune fraude à cet égard; les exercices de l'École supposent, dès l'origine, une certaine habileté du dessin géométrique, qui, si elle manquait à l'élève, ne lui permettrait pas de satisfaire convenablement aux exigences du programme sur le travail graphique intérieur; ce qui se traduirait, au moment de l'admission dans les services publics, en une véritable infériorité.

Au reste, les candidats auront à faire, pour l'admission, une composition de géométrie descriptive, comprenant le tracé d'une épure; épreuve suffisante pour qu'on puisse juger s'ils sont bien véritablement les auteurs de la collection qu'ils présentent.

VII. Mécanique.

L'ancien programme n'admettait que des notions abstraites de statique, dépourvues de toutes considérations physiques; les machines simples, notamment, y étaient supposées au repos, sans frottement ni résistance quelconques, et il en résultait, quant à l'application des forces aux machines, et à l'application de leurs effets, des notions fort incomplètes et dangereuses pour les jeunes gens qui ne devaient pas recevoir, dans les écoles de services publics, un complément indispensable d'instruction. De toutes manières, elles étaient plus nuisibles qu'utiles à l'intelligence des principes de la dynamique, enseignée trop tar-

divement et sous un point de vue peut-être trop abstrait
encore, à l'Ecole polytechnique.

Il y a quarante ans, on se plaignait déjà de cette direction abstraite de l'enseignement de la statique. « Les candidats, disait le Conseil de 1810., tendent de plus en plus
à vouloir présenter la statique analytique, de sorte que
plusieurs arrivent à l'Ecole sans savoir les démonstrations
synthétiques et même l'équilibre des machines simples.
Nous croyons que ce serait un bien, d'exiger la statique
démontrée d'une manière géométrique. » Depuis lors, en
effet, le programme d'admission a toujours porté que la
statique serait démontrée d'une manière synthétique. Mais
cette clause ne pouvait suffire pour donner aux élèves une
notion claire des premiers principes de la mécanique,
puisqu'elle ne remédiait en rien aux inconvénients de
l'abstraction des hypothèses mêmes qui servaient de point
de départ. Aussi M. Coriolis., à la fois directeur des études
à l'Ecole polytechnique et membre de la section de mécanique de l'Institut, se prononçait-il définitivement, il y a
dix ans, contre la continuation de cet état de choses.

« L'introduction de ces idées (des infiniment petits), disait-
il dans sa Note sur la réforme des études de l'École polytechnique, l'introduction de ces idées dans les colléges sera
bien propre à y faciliter l'étude de la physique ; elle permettra d'aborder quelques notions de dynamique, et de présenter dans l'enseignement, les principes sur le véritable
effet des machines. On ne verra plus ainsi, autant de personnes chercher à créer, tout à la fois, de la force et de la
vitesse par des combinaisons statiques. L'étude de la physique et celle des éléments de la dynamique, qui doit rendre vulgaires les notions sur l'effet des machines, est certainement destinée à prendre, par la suite, un plus grand
développement dans les colléges....

« On aura remarqué que je ne propose pas de donner
toute la statique ; les idées fausses que son étude, mal di-
rigée, introduit dans la société, relativement à l'emploi
des moteurs, ont un grand inconvénient. L'étude de certaines machines simples, en la séparant de celle des frot-
tements, est trop éloignée des applications pour qu'on
cherche à la répandre.....

« La dynamique, appliquée seulement au mouvement d'un point, permettra de donner aux élèves les notions sur le travail, et d'énoncer au moins déjà, sans qu'on le démontre encore, le principe sur l'impossibilité de l'accroître par les machines. C'est en repandant ces idées dans l'instruction commune, qu'on mettra un terme à ces tentatives infructueuses qui ruinent une multitude de personnes, et dont les sociétés savantes et le Gouvernement sont fatigués de plus en plus. »

Le conseil de l'École des ponts et chaussées va plus loin que M. Coriolis : il demande la suppression radicale de la statique. « Le Conseil, dit le rapport, demande qu'on remplace, dans les programmes d'admission, la statique par la cinématique; il attache un grand intérêt au succès de cette proposition.

« Familiariser de très-bonne heure l'esprit des élèves avec la connaissance des organes élémentaires des machines, des transmissions et des transformations de mouvement; leur donner, par la vue, une perception nette des mouvements absolus, des mouvements relatifs; les habituer sans effort, presque à leur insu, aux idées de temps, de vitesse, de mouvement uniforme ou varié, à la détermination précise, à la considération journalière des vitesses virtuelles, sans les préoccuper prématurément de notions abstraites sur les forces qui déterminent les mouvements; et, tout en leur inculquant une foule de notions de mécanique pratique, par elles-mêmes extrêmement utiles, et, en les rompant à des exercices d'intelligence dans lesquels ils ne peuvent s'égarer et très-propres, par leur nature, à reposer et à tranquilliser l'esprit, les amener ainsi jusqu'au point précis où ils doivent être pour comprendre parfaitement, sans aucune difficulté, le principe des vitesses virtuelles, base fondamentale de la mécanique, tels sont les avantages considérables qui résulteront de la mesure proposée. »

Il n'y a aujourd'hui qu'une voix contre les mauvais résultats de l'enseignement de la statique, tel qu'il a été entendu jusqu'ici. Mais, si l'on s'accorde sur le mal, on

4.

différe sur le remède ; M. Coriolis voudrait qu'on tempérât les inconvénients de la statique pure par l'introduction de quelques notions de dynamique, tandis que le Conseil de l'École des ponts et chaussées désirerait que la statique disparût complétement de l'enseignement, pour faire place à la cinématique. Exposons quel est, au milieu de ces avis divergents, le parti que la commission actuelle a cru sage d'adopter.

L'introduction récente de la physique élémentaire dans le programme d'admission, et de notions relatives au travail des forces dans les machines simples, a corrigé, en partie, les inconvénients signalés, sans néanmoins les faire disparaître entièrement ; car il n'existe aucune coordination quelconque entre ces divers enseignements, et on y laisse tout à fait de côté les questions qui concernent les résistances nuisibles et le mouvement des machines. On ne saurait non plus disconvenir combien, à ce dernier égard, il serait utile de faire précéder la mécanique des forces, d'un exposé, au moins élémentaire, des principes qui servent à bien faire comprendre en elles-mêmes, et la nature et les lois des diverses combinaisons de mouvement, envisagées au point de vue purement géométrique, et sans tenir compte des causes qui les produisent, à peu près comme l'entendaient Carnot et Ampère. Nonobstant l'autorité de ces noms illustres, corroborée par le vœu formel du Conseil des ponts et chaussées et par celui des ingénieurs et des savants qui ont été amenés à réfléchir sur les applications pratiques de la science, la Commission a dû se décider à ne point introduire l'ensemble de la cinématique dans le programme de mécanique, à cause des développements et de la spécialité des exercices qu'elle exige. Le progrès des études dans les institutions préparatoires, permet seulement de demander quelques notions sur la composition géométrique des mouvements, notions sans lesquelles on ne saurait concevoir bien nettement, à moins de recourir à l'analyse transcendante, les principes les plus généraux de la dynamique, dont l'enseignement exige aujourd'hui au moins quatre années d'étude consécutives, avant de porter aucun fruit ou d'offrir aucune application qui initie les élèves aux besoins et aux faits de la pratique.

Là Commission a voulu en outre que, dès à présent, la partie qui concerne spécialement l'étude des forces fût envisagée, non plus au point de vue de la statique ou de l'équilibre dans le repos, mais bien dans les conditions dynamiques ou d'activité des forces, qu'il convient d'inculquer de bonne heure aux jeunes esprits, afin d'éviter les fausses applications mentionnées ci-dessus ; et c'est aussi pourquoi nous avons jugé indispensable de développer cette partie du programme beaucoup plus que celle qui regarde la statique proprement dite, dont on a supprimé, à cause de cette addition même, tout ce qui concerne les six équations générales de l'équilibre des corps libres dans l'espace. Il y a peu d'années, en effet, que ces équations s'enseignaient exclusivement à l'École polytechnique, dont elles ont disparu entièrement depuis ; or, il entre dans les vues de la Commission de les y rétablir, en les faisant précéder des notions de cinématique, indispensables à leur parfaite intelligence.

Il convient, d'ailleurs, de faire remarquer expressément ici que ces six équations d'équilibre qui, prises en elles-mêmes, ont peu d'usages dans les applications pratiques, offrent une étude de beaucoup supérieure, en étendue et en difficulté, à tout ce qui se trouve ajouté au programme relativement au mouvement et au travail des forces, addition dont, au contraire, la connaissance est tout à fait indispensable à l'étude des moteurs et des machines. On en conviendra d'autant plus aisément que déjà les programmes des deux années précédentes exigeaient à peu près les mêmes choses, grâce à l'introduction d'une phrase, à la vérité très-courte, mais qui, si nous ne nous trompons, a dû embarrasser plus d'un élève et plus d'un professeur, à cause de son lacquisme.

Enfin, la Commission, sans surcharger pour cela, en aucune manière, le chapitre jusqu'ici consacré à ce qu'on nomme *machines*, a jugé nécessaire de donner, au très-petit nombre des questions qui constituent cette partie des programmes, un développement qui ne permette plus d'en faire une abstraction complète, et de méconnaître l'esprit dans lequel il convient désormais de les exposer.

On ne saurait trop insister sur la nécessité de préférer,

autant que cela est possible, les démonstrations rapides de la géométrie et des infiniment petits aux formes, soi-disant plus rigoureuses, de l'analyse algébrique et de la méthode des limites ou du raisonnement à l'absurde, qui faussent quelquefois le jugement des élèves, ôtent à l'esprit de la plupart d'entre eux toute espèce d'initiative, et ralentissent tellement la marche des premières études, grâce à un rigorisme poussé trop souvent jusqu'à l'abus, qu'il devient indispensable de prolonger la durée de l'enseignement théorique bien au delà de l'époque où il serait essentiel qu'on en fît des applications véritablement utiles. Cet état de choses, bien senti de tous, appelle d'autant plus vivement l'attention des familles et du Gouvernement, qu'il détourne la jeunesse du but final de l'enseignement, et qu'en la conviant aux études purement abstraites, il lui inspire de l'éloignement, du mépris même, pour les réalités de la vie et les données positives de l'expérience.

VIII. Physique, chimie, cosmographie.

La mécanique termine la série des connaissances spéciales que nous exigeons des candidats : la physique, la chimie et la cosmographie font, pour nous, partie de l'instruction générale. C'est assez dire quel caractère nous désirons voir imprimer à l'enseignement de ces trois dernières branches de nos connaissances. Dans la cosmographie, on se proposera d'offrir aux élèves un tableau de l'ensemble de l'organisation de l'univers ; ce cours sera donc purement descriptif. La physique et la chimie, destinées à l'étude des propriétés générales et de la composition intime des corps, devront être enseignées uniquement par l'expérience.

Physique.

L'introduction de la physique dans les matières de l'admission date d'un petit nombre d'années. Cette introduction, demandée dès 1840 et appuyée par Carnot, a donné lieu, dans le Conseil de perfectionnement, à de longues discussions où l'opportunité de cette mesure a été vivement soutenue ou combattue.

On avait décidé, en 1836, que des notions de physique seraient exigées des candidats en 1837. Le délai ainsi accordé était cependant un peu bref, et, d'un autre côté, on ne s'était pas suffisamment entendu sur l'étendue des notions à exiger. Sans revenir sur le principe de la décision antérieurement intervenue, on informa bientôt les candidats que la physique ne serait pas demandée en 1837, et qu'on ferait connaître ultérieurement l'année où elle serait exigée.

Le Conseil d'instruction demanda de nouveau, en 1838, au Conseil de perfectionnement, d'introduire dans l'examen d'admission des notions de physique, sauf, si cela était nécessaire, à supprimer quelques parties du programme des sciences mathématiques, certains points, par exemple, de la résolution des équations numériques. La question, ainsi réintroduite, donna lieu, à la fin de 1838 et au commencement de 1839, à de vives discussions qui se prolongèrent pendant plusieurs années.

Les adversaires de la mesure représentaient que les matières de l'admission étaient déjà trop considérables et qu'il était tout à fait impossible d'en imposer de nouvelles aux candidats ; que si l'on retranchait du cours intérieur de physique, certains sujets pour les reporter aux programmes d'admission, on en verrait surgir de nouveaux dans ce cours, ce qui était au moins inutile, les élèves étant très-faibles dans les écoles d'application, à cause du trop grand nombre de matières qu'on leur enseigne; qu'il fallait d'ailleurs se préoccuper des sources où les élèves pourraient puiser les nouvelles connaissances qu'on allait leur demander, et que l'enseignement de la physique n'était point assez développé dans les lycées des différents points de la France, pour qu'on fût assuré qu'il satisferait aux nécessités de la nouvelle situation.

On répondait : que le cours de physique de l'École soulevait des plaintes continuelles à cause de la trop grande difficulté qu'avaient les élèves à le suivre; qu'il y avait urgence de le réformer, et qu'on n'en viendrait jamais à bout, tant qu'on n'aurait pas exigé des élèves qui se présentaient à l'École quelques connaissances en physique , afin de permettre au professeur d'abréger, en retranchant ces matières de son enseignement , ou en les traitant avec plus de rapidité; qu'il était bien entendu, d'ailleurs , que de nouvelles matières ne seraient pas introduites dans le cours intérieur à la place de celles qu'on éliminerait ; qu'on gagnerait seulement plus de temps pour mieux enseigner celles qui seraient conservées. Ce n'était point une complication qu'on voulait apporter dans les études de l'admission : loin de là, on proposait de retrancher, par compensation, un certain nombre de points de l'instruction mathématique, et notamment de la théorie générale des équations. Et quant à cet argument, qu'il serait difficile aux collèges de donner le nouvel enseignement , il n'était nullement fondé. S'il était vrai que les cours de physique, correspondant aux cours de mathématiques spéciales, n'avaient qu'une existence précaire, cela tenait moins au manque de professeurs qu'à l'absence des élèves, qui négligeaient un cours dont les matières ne devaient pas compter pour l'admission , but de tous leurs efforts. Ces raisons finirent par l'emporter, et, après divers ajournements , des notions de physique furent définitivement exigées des candidats pour 1846. On ne dut pas toutefois interroger oralement sur ces connaissances; mais les candidats furent astreints à faire une composition par écrit, sur un sujet donné et tiré des matières du programme. Telle est encore aujourd'hui la situation des choses.

Un autre point fut très-controversé. Devait-on exiger des candidats qu'ils sussent complétement, en se présentant, les matières d'un certain nombre de leçons faites autrefois dans l'École, afin que le professeur ne fût pas dans l'obligation de les reprendre , et qu'il pût commencer son cours là où celui de l'admission en serait resté, ainsi que cela se pratique pour les cours de mathématiques? Ou bien fallait-il demander des connaissances générales sur les points les plus usuels de l'ensemble de la physique? Le premier mode eût peut-être été celui qui eût déchargé le plus efficacement le cours intérieur; mais il avait l'inconvénient d'exiger qu'on substituât au cours général de physique, fait dans les colléges, un cours particulier et spécial, ayant pour objet unique la portion de la physique qu'on demanderait. On préféra décider que les connaissances des candidats devraient porter sur toutes les matières de la physique, enseignées dans le cours ordinaire, sauf à s'en tenir, sur chaque sujet, à des notions plus élémentaires.

La Commission actuelle pense qu'il faut respecter la décision du Conseil de perfectionnement. La simplification du cours intérieur, qui est devenue de première nécessité, ne pourrait avoir lieu si les élèves n'étudiaient pas la physique avant leur entrée. L'enseignement de cette science est d'ailleurs complétement organisé dans les colléges. Il est vrai qu'en introduisant la physique dans les matières de l'admission, en 1846, on a omis de simplifier les programmes sur d'autres points, quoiqu'on en eût cependant unanimement reconnu la nécessité. Nous avons eu soin aujourd'hui d'effectuer cette simplification.

En dehors de ces raisons, puisées uniquement dans les nécessités de l'enseignement de l'École polytechnique, nous invoquons, encore une fois, l'intérêt du nombre considérable de jeunes gens qui étudient pour l'École sans réussir à y entrer. Ceux-là ne doivent pas être sacrifiés. Il importe au pays que l'enseignement demandé pour l'admission, renferme un assez grand nombre de connaissances générales et utiles, afin que les jeunes gens refusés puissent entrer dans la société avec une instruction réelle, qui leur permette d'entrer avantageusement dans d'autres carrières. Parmi ces connaissances, nous plaçons, avec le Conseil de l'École des ponts et chaussées, des notions sur les différentes branches de la physique, et sur certains points de la chimie et de la cosmographie. La chimie a déjà été introduite par le Conseil de perfectionnement dans les programmes d'admission; et quant à la cosmographie, qui n'est qu'une partie de la physique, il est reconnu aujourd'hui qu'elle est une des plus importantes, et ne saurait être omise dans l'instruction générale de la jeunesse. Elle figure dans tous les programmes d'études, excepté dans celui de l'École polytechnique.

La physique, enseignée d'une manière expérimentale,

sera pour les élèves plutôt un sujet de délassement, au milieu de leurs sérieuses études, qu'une occasion de nouvelles fatigues. Le calcul ne devra intervenir que rarement, et seulement pour tirer quelques conséquences simples des expériences déjà faites, ou pour l'usage des formules qu'on en aura déduites. Les expériences seront répétées sous les yeux des élèves, les instruments et les appareils mis entre leurs mains, afin qu'ils puissent les faire fonctionner, et dessiner, à main levée, les croquis des principaux appareils. Ces croquis seront présentés aux examinateurs.

Les propriétés générales des corps devront être données avec détail, le professeur du cours intérieur n'y devant pas revenir. Le vernier et la vis micrométrique seront mis entre les mains des élèves, qui retrouveront le vernier dans le cercle dont ils feront usage, en trigonométrie, pour le lever des plans.

Les lois de la chute des corps et des oscillations du pendule simple seront établies uniquement par l'expérience. On intéressera les élèves en leur permettant de répéter ces expériences, et en leur faisant déterminer, d'après la formule connue, une valeur approchée de la gravité. La balance sera également mise dans leurs mains. En parlant de la force centrifuge, on aura soin de montrer comment on peut la comparer au poids même des corps.

Les questions d'hydrostatique, la transmission égale de la pression en tous sens par les fluides, et le principe d'Archimède, seront donnés par l'expérience. On présentera cependant, à l'égard du dernier principe, le raisonnement simple et connu par lequel on peut l'établir, *mais sans calcul aucun.* L'expérience sera répétée par les élèves.

On leur fera déterminer la densité d'un corps solide et celle d'un liquide. Sachant qu'ils pourront comparer le nombre qui résultera de leurs observations à celui qui est inscrit dans les tables de densités des corps, ils porteront intérêt à cette expérience, et l'exécuteront, on peut y compter, avec le plus de soin possible.

Après avoir donné la loi de Mariotte, quelques applications numériques, puisées dans les exemples qu'on rencontre le plus fréquemment, seront indispensables. On

s'interdira, au contraire, le calcul théorique de l'épuise-
ment de l'air dans la machine pneumatique, ce calcul n'é-
tant d'aucune utilité, et le degré de vide devant toujours
s'estimer au moyen d'un baromètre convenablement dis-
posé pour cet usage.

Les explications que nous venons de donner à l'égard
de quelques exemples, suffiront pour montrer dans quel
esprit l'enseignement de ce cours doit être dirigé. Ainsi,
à l'occasion de la chaleur, on ne s'appesantira pas sur les
procédés par lesquels on mesure les dilatations, procédés
dont un seul devra être exposé ; mais on fera ressortir avec
soin les applications qu'on rencontre, à chaque pas , de la
transmission du calorique au travers des corps ou par le
rayonnement. La détermination des chaleurs spécifiques
sera donnée uniquement par le calorimètre de Laplace et
Lavoisier. En parlant des vapeurs, on fera connaître les
premiers principes des machines à vapeur, et le mode
d'action de la vapeur sur les pistons des machines à simple
ou à double effet ; et, en traitant de l'état hygrométrique
de l'air, on dira quelques mots des grands phénomènes en-
gendrés par la présence de la vapeur d'eau dans l'atmo-
sphère.

Les lois des attractions et répulsions électriques, n'é-
tant pas demandées pour l'admission, seront renvoyées au
cours intérieur de l'École. On fera connaître les paraton-
nerres et les meilleures conditions sous lesquelles on peut
les établir. L'exposition des principaux phénomènes produits par la pile, ne sera accompagnée d'aucune théorie de
cet appareil.

Le magnétisme aura pour unique but de faire connaître
aux élèves les principales propriétés de la boussole, la dé-
clinaison et l'inclinaison de l'aiguille aimantée. L'acousti-
que devra être réduite aux principes fondamentaux de la
production et de la propagation du son.

Dans l'optique, enfin, on se bornera à donner les premiers principes de la propagation de la lumière, à faire
connaître les lois de la réflexion et de la réfraction simple,
et leur application à la théorie des images données par les
miroirs et par les lentilles. Ces dernières questions sont les
seules dans lesquelles on aura recours aux connaissances

mathématiques des élèves ; encore faudra-t-il y mettre beaucoup de réserve.

Chimie.

Les motifs qui nous ont engagés à conserver l'extension attribuée au programme de physique, devaient naturellement nous porter à donner à celui de chimie plus d'étendue qu'il n'en avait eu jusqu'ici. Les connaissances chimiques présentent au moins autant d'applications dans la vie que les connaissances en physique ; et elles ne sont pas moins utiles que ces dernières comme instruction générale. La Commission n'a pas pensé que l'étude de la préparation ou de l'extraction des corps simples, pût être considérée comme suffisante. Très-certainement, la connaissance du soufre, celles du carbone, de l'oxygène, de l'hydrogène et de l'azote sont du plus haut intérêt. Mais l'hydrogène n'est-il pas surtout important, parce qu'il entre dans la composition de l'eau avec l'oxygène ? La principale propriété de l'azote n'est-elle pas de concourir à la constitution de l'air ? Et n'est-il pas plus important que les élèves connaissent les propriétés les plus essentielles de l'eau et de l'air plutôt que la préparation du phosphore, par exemple ? La Commission a donc cru devoir faire entrer dans le programme de chimie les combinaisons les plus dignes d'intérêt des corps simples, non métalliques, entre eux. Les professeurs s'attacheront surtout à développer l'histoire de celles qui ont le plus d'applications, et qui sont suffisamment indiquées au programme.

Cosmographie.

En introduisant la cosmographie dans les programmes d'admission, nous avons déjà dit que c'était à titre d'instruction générale. Nous n'entendons pas, plus que pour la physique, qu'on donne à ce cours une tournure abstraite, et que, sous le titre de cosmographie, on fasse de la géométrie, comme il arrive très-souvent. Le cours sera purement descriptif. On donnera aux élèves des connaissances nettes et précises, mais générales, de la constitution du système du monde ; on les initiera à l'existence des merveilles que renferment les cieux, et en leur faisant ad-

mirer les splendeurs de la création, on leur présentera
ainsi l'une des plus magnifiques démonstrations de l'existence de Dieu, qui soit sortie de l'étude de ses œuvres.

C'est dans ce but que nous avons insisté sur l'astronomie
sidérale, qu'on traite toujours avec trop de légèreté, et qui
est surtout propre à intéresser les élèves. Leur imagination
sera vivement frappée par les curieux phénomènes que
présentent les étoiles périodiques, les étoiles temporaires,
les étoiles colorées, les étoiles doubles, la voie lactée et les
nébuleuses, surtout si, dans plus d'un cas, on substitue
aux descriptions idéales, des dessins bien faits et représentant le phénomène avec précision.

En exposant les apparences du mouvement diurne de la
sphère céleste, on ne devra pas laisser à l'esprit des élèves
le temps de s'habituer à considérer ces apparences comme
étant l'expression de la vérité. Dès la première leçon, on
les prémunira contre les erreurs des sens, et on leur fera
comprendre que les mouvements apparents observés ne
sont que des mouvements relatifs, dus à la rotation réelle
de la terre autour de son axe, en un jour sidéral.

La forme du globe que nous habitons devra être décrite
avec soin. L'allongement des degrés, à mesure qu'on s'ap-
proche des pôles, fera connaître l'aplatissement de la
terre, qui concourt, avec l'effet de la force centrifuge, à
diminuer la gravité à mesure qu'on s'éloigne de l'équateur
pour s'approcher des pôles, ainsi qu'on l'aura vu dans le
cours de physique à l'occasion du pendule. Quelques explications seront données pour faire comprendre comment
la détermination du quart du méridien, supposé elliptique,
et ses deux axes, ont pu être déterminés au moyen de deux
degrés mesurés, l'un près de l'équateur, au Pérou, l'autre
dans le Nord, en Laponie. Ainsi se trouvera complétée la
description du système métrique, dont on ne peut prendre
qu'une idée confuse et incomplète, en arithmétique.

A l'occasion de la figure de la terre, on fera connaître
les systèmes de projection en usage dans la construction
des cartes géographiques, et notamment des mappemondes
et de la carte de France. Les élèves qui redoublent leurs
études, pourraient trouver dans ces questions, des applications de leurs connaissances en géométrie descriptive;

mais aucune exigence n'est formulée sur ce point.

La marche des saisons, intimement liée à celle du soleil, donne le plus haut intérêt à l'étude du mouvement apparent de cet astre. On exposera la constitution du calendrier, la réforme due à Jules César et la réforme grégorienne, dont le but a été de ramener invariablement l'équinoxe du printemps à l'époque de l'année où il a été fixé par le Concile de Nicée. Ces données sont indispensables, dans l'étude de l'histoire, pour la coordination des dates des événements.

Toutes nos horloges marchent aujourd'hui sur le temps moyen, qui peut s'écarter notablement du temps vrai. On fera comprendre aux élèves la raison de cet usage, et comment on peut régler une horloge sur le temps moyen, à l'aide d'un cadran solaire, donnant le temps vrai. Quelques mots sur la construction pratique des cadrans, intéresseront les élèves, qui y verront une nouvelle application de la géométrie descriptive.

Après avoir fait connaître la constitution physique de notre satellite, on exposera les causes des éclipses de lune et de soleil, et les principaux phénomènes qu'elles présentent ; on ne donnera aucun calcul à ce sujet.

Quelques mots sur les comètes et sur le phénomène des marées, termineront ce cours, dans lequel, ainsi que nous l'avons suffisamment indiqué, on ne fera point intervenir le calcul, et où l'on pourra tout au plus recourir, en une ou deux circonstances, aux procédés de la géométrie descriptive.

IX. Dessin d'imitation et lavis.

Nous ne changerons rien, sous ce rapport, au programme actuel, qui est ainsi conçu :

« Les candidats copieront une académie, ombrée au crayon, d'après un modèle qui leur sera remis par l'examinateur ou les commissaires délégués.

« Ils devront remettre au second examinateur les épures de géométrie descriptive indiquées ci-dessus, ainsi que le lavis, à l'encre de Chine, d'une surface cylindrique de douze centimètres de diamètre sur vingt-cinq centimètres de hauteur, se détachant sur un fond à teinte plate. Tous ces dessins devront être revêtus du visa du professeur, avec la date de ce visa pour chaque épure. »

Nous avons déjà fait comprendre l'importance qu'il y avait pour les élèves d'être convenablement exercés au dessin géométrique.

En maintenant le dessin d'imitation d'une académie *ombrée au crayon*, il est entendu que, suivant l'usage, c'est le modèle qui peut être ombré en entier, et que la copie n'a besoin de l'être qu'en partie. Les motifs qui nous engagent à conserver ces exercices, sont les mêmes qui guidèrent les Conseils dans l'organisation de l'étude du dessin.

« Cette étude du dessin sera bornée à ce qui est indispensable à tous les ingénieurs ou officiers de différents services ; elle consiste donc essentiellement à procurer aux élèves la facilité et l'habitude de représenter, par des traits, la forme apparente des objets.

« Plusieurs de ces formes peuvent être tracées à l'aide d'instruments propres à en mesurer les proportions ; mais un bien plus grand nombre ne peut l'être qu'à l'aide d'un œil bien exercé. Il faut donc exercer l'œil de manière à suppléer aux instruments qui nous manquent et à remplacer même ceux dont on pourrait se servir.

« Différentes méthodes pourraient remplir ce but; mais on a dû adopter celle qui tend le plus directement à donner à l'œil la plus grande justesse. On a donc préféré de faire commencer par l'étude de la figure, parce que les lignes dont se composent les formes du corps humain étant de celles qui ne peuvent être tracées facilement avec des instruments, l'imitation de ces lignes est particulièrement propre à former l'œil à la plus grande justesse. Après avoir reproduit les traits les plus simples des diverses parties d'une tête, les élèves passeront progressivement à des modèles plus composés, tels que des dessins de têtes, de pieds, de mains, des portions d'académie et des académies entières. Enfin, ils dessineront d'après des plâtres moulés sur les plus belles statues antiques.

« Il est d'autant plus difficile de vérifier l'imitation d'un

dessin , que les détails en sont plus compliqués. Ils pourraient même l'être à tel point que la vérification en serait
presque impossible. Alors l'élève n'étant point exactement
corrigé , ne pourrait former son œil à la justesse nécessaire à la pratique du dessin. C'est pour cela qu'on ne permettra pas de dessiner le paysage et les croquis de figure à
ceux qui ne seront pas en état de faire un ensemble pas-
sable d'après la bosse , ou qui du moins ne sauront pas
copier exactement une académie dessinée. » (Règlement de
l'an ix.)

« Les ingénieurs militaires ou civils ont souvent besoin
du secours du dessin dans l'exercice de leurs fonctions. Par
l'étude de la géométrie descriptive et de ses applications ,
l'usage de la règle et du compas leur devient très-familier ;
mais le service qu'on peut tirer de ces deux instruments
ne s'étendant pas à tous les cas , il faut y suppléer par la
justesse de l'œil et par l'adresse de la main. En effet ,
presque aucun des objets créés par la nature ou l'art n'é-
tant d'une forme fixe et positive , leurs rapports ne peuvent être déterminés par des formules rigoureuses , ni
mesurés par des instruments. Le sentiment seul peut apprécier leurs différences ; quand l'esprit a contracté l'habitude de les observer et d'en reconnaître l'apparence , la
main réussit à les exprimer avec promptitude et facilité.

« Pour tel peintre ou tel statuaire , l'art du dessin est
une étude immense , c'est le travail de toute leur vie ; pour
les ingénieurs , cette étude doit se borner, comme il a été
dit plus haut, à acquérir la justesse de l'œil et l'adresse de
la main. L'imitation de tous les objets , quels qu'ils soient ,
pourrait servir à atteindre ce but ; mais l'étude qu'on appelle *de la figure,* a toujours été préférée à l'étude de toute
autre forme. Cette préférence est juste et fondée en raison.
En voici les principaux motifs :

« Parmi toutes les formes des corps, celles du corps humain offrent à la fois le plus de variété dans les contours ,
et des passages plus doux d'une forme à l'autre ; de sorte
que la main qui parvient à les imiter, trouve peu de difficultés dans l'imitation des autres formes de la nature. »
(Séance du 20 novembre 1806. — Programme du dessin.)

Quant à l'enseignement du lavis , c'est une opinion reçue dans tous les services publics que le lavis est indispensable pour donner à la représentation des objets un caractère plus frappant, et, si on ose le dire, plus populaire. Sans doute , la science des projections suffit pour donner une description fidèle des objets ; mais elle suppose, dans l'examen du dessin , un travail d'esprit auquel ceux à qui sont soumis les projets n'ont pas toujours le loisir de se livrer. Le lavis et la description des ombres sont un langage abrégé , précieux par le temps qu'il fait gagner et les méprises qu'il fait éviter.

En l'an XIII , les élèves devaient exécuter à l'intérieur de l'École, quatre dessins d'architecture lavés : « Si les élèves, était-il dit, ne retiraient de ce travail, d'autre avantage que d'avoir satisfait à une obligation qui leur est imposée, et de pouvoir se présenter aux examens, on aurait manqué le but que l'on doit atteindre, l'instruction. Or c'est ce qui arriverait infailliblement , si l'on adoptait quatre modèles pour les faire copier par tous les élèves. Ces modèles ne pourraient présenter que des formes simples, en petit nombre, peu instructives, et sur lesquelles l'attention des élèves serait arrêtée pendant les deux tiers du temps. On a donc pensé qu'il fallait adopter la méthode, suivie avec succès, dans les écoles d'application, de faire dessiner, par chaque élève d'une brigade, une partie différente et détaillée d'un grand ensemble que l'on met sous les yeux de tous. Le professeur d'architecture choisira un certain nombre d'édifices qu'il analysera dans ses leçons, et qui fourniront aux élèves les objets sur lesquels ils doivent exercer leur pinceau. Ainsi , l'attention qu'ils donneront au dessin qui leur sera échu en partage, les forcera à étudier tout l'édifice , dont ils ne feront cependant qu'une partie. Ce mode d'enseignement impose, il est vrai, au professeur, un travail considérable. »

Les plaintes, souvent répétées, des services publics et des écoles d'application , sur la grande faiblesse des élèves en lavis, engageait, en 1828 , le Conseil d'instruction à demander qu'on ranimât cette partie des exercices de l'École, en donnant au travail graphique une influence distincte et

bien déterminée dans les classements faits par les jurys. Et,
pour que les élèves n'arrivassent pas à l'École complète-
ment novices dans cette matière, on demandait, en 1834,
que les candidats fussent astreints à présenter à l'examinateur d'admission un lavis d'architecture : cette motion fut
repoussée, par cette considération, qu'on ne serait pas
certain que les élèves eussent fait eux-mêmes ce lavis. On
décida cependant, en 1835, qu'il serait tenu compte aux
candidats d'un lavis d'architecture, et bientôt après, en 1836,
que ce lavis serait obligatoire. Les candidats qui trompe-
raient l'examinateur, en lui présentant un lavis qu'ils n'auraient pas exécuté, feraient surtout tort à eux-mêmes,
puisqu'ils se trouveraient, sur ce genre de dessin, dans un
état d'infériorité vis-à-vis de ceux de leurs camarades qui
n'auraient pas négligé, avant leur admission, de faire, à cet
égard, l'exercice que nous continuons à demander.

MODE DES EXAMENS D'ADMISSION

A L'ÉCOLE POLYTECHNIQUE.

Le mode suivant lequel les élèves devaient être choisis a été l'une des préoccupations les plus constantes du Conseil de l'École. Si l'on peut inférer d'un passage du rapport du Comité de salut public, que, lors de la création, on soit allé jusqu'à soutenir que les droits de l'égalité voulaient que les places fussent réparties par le sort entre les différentes parties du territoire, comme on le fait pour lever des bataillons; si, la nécessité de l'examen ayant été admise, on obligea, du moins, chaque candidat à présenter une attestation prouvant « qu'il avait constamment manifesté l'amour de la liberté et de l'égalité, et la haine des tyrans; » si, de plus, chaque examinateur fut accompagné d'un commissaire chargé d'interroger les élèves sur les qualités morales et civiques, et si même, à Paris, on décida que l'examen au moral serait fait préalablement à tout autre, afin, disait-on, « que si le candidat satisfaisait mal au premier, il ne fût même pas admis à l'examen pour les sciences, de peur que l'on ne fût tenté de violer les principes, en faisant la compensation sacrilége des vertus par les talents, » il est vrai de dire que, dès l'origine, les candidats furent classés et reçus uniquement sur leurs connaissances scientifiques, constatées par l'examen.

La difficulté de classer exactement l'ensemble des candidats, suivant leurs degrés de forces, a souvent préoccupé le Conseil : « Il serait à désirer, disait-on (séance du 12 brumaire an IX), que tous les élèves pussent recevoir une instruction uniforme, et qu'ils fussent examinés par un seul homme, qui pourrait alors en faire la comparaison au moyen d'une même échelle..... Mais il n'existe point encore de cours de mathématiques spécialement adapté à leur usage. D'un autre côté, il est comme impossible qu'un seul examinateur interroge les élèves dans toute l'étendue de la République, soit en se transportant dans plusieurs villes, soit même en rassemblant les concurrents dans un même lieu. » Le Conseil était embarrassé, comme on le voit, par l'impossibilité de comparer, avec justesse, le mérite de candidats qui n'avaient point été examinés par les mêmes hommes.

On lit, dans une lettre adressée au Conseil de l'an XI par les examinateurs d'admission, Monge, Maurice et Lévêque : « Il nous paraît que le programme qui détermine les objets d'examen est d'une étendue suffisante, et qu'il y aurait plus d'inconvénients que d'avantages réels à y rien changer. Si les examens ont autant contribué qu'ils l'ont fait au succès des études; si les élèves sont en plus grand nombre et mieux instruits, nous ne craignons pas de dire que ce résultat important est dû à la permanence d'un même examinateur dans la même tournée : ce n'est que par là que ses diverses observations dans le cours des examens, et les conseils qu'il donne aux professeurs, ont été mis à profit, et qu'ils continueront à être très-utiles. Dans le cas contraire, rien ne tend à l'uniformité et aux perfectionnements qui doivent en résulter..... Nous pensons qu'il est extrêmement important que les examinateurs n'alternent pas dans leurs tournées, et que, dans le cas où ils désireraient le faire, le Conseil devrait s'y opposer, cette mesure étant préjudiciable aux progrès des études et aux perfectionnements de l'enseignement. » Cette règle est loin d'être suivie aujourd'hui, les tournées étant tirées au sort entre les examinateurs. Faut-il croire que cette mesure, contraire aux recommandations des examinateurs de l'an XI, a effectivement contribué à faire dévier les études de leur but ?

La difficulté de comparer entre eux les candidats des différentes listes, continuant, en l'an XIII, à préoccuper le Conseil, il chargeait une commission, composée de Laplace, Legendre, Bossut, Lacroix, Gassendi et Sugny, « d'étudier le système des examens et les moyens d'obtenir une échelle de mérite comparable pour tous les examinateurs. » Cette commission fit connaître, par son rapport, que « ses conférences n'avaient abouti qu'à constater l'impossibilité d'obtenir ce résultat, avec la nécessité de plusieurs tournées d'examinateurs. » Comme on tenait pour impossible de n'avoir qu'une seule tournée, on se résigna aux nombreux inconvénients qu'offrent plusieurs listes, dont une comparaison précise est impossible.

On voit, par les procès-verbaux du Conseil, que la question des examens fut reprise, en 1835, à l'occasion d'un nouveau projet d'*examen à deux degrés*. On objectait à ce projet qu'il avait l'inconvénient très-grave, de devoir amener, par la manière dont il était conçu, la presque totalité des élèves à faire leurs études à Paris. Renvoyé à l'examen d'une commission, il n'eut pas d'autre suite.

Cependant, les inconvénients d'un examen unique, qui décidait en dernier ressort de l'avenir d'un candidat, devenaient d'autant plus frappants, que le nombre des élèves augmentait davantage. Les réclamations arrivaient en foule; il fallut songer à y faire droit. On reconnut, d'un commun accord, qu'il était indispensable que les épreuves fussent multipliées, et que le sort d'un candidat ne dépendît plus désormais d'un seul examen, souvent d'une seule question. L'élève, représentait-on, rassuré par la perspective d'une seconde épreuve, resterait plus maître de lui-même, et serait certainement jugé à sa véritable valeur.

Le Conseil d'instruction avait demandé que les deux épreuves qu'on se proposait d'établir portassent sur des matières différentes; que l'un des examinateurs interrogeât sur la moitié des cours, et l'autre examinateur sur la seconde moitié. Le Conseil de perfectionnement préféra établir deux épreuves orales complètes, dans chacune desquelles chaque examinateur, interrogeant sur le tout, servirait de contrôle à l'autre; et, en outre, il décida qu'une composition écrite sur des sujets mathématiques, et d'une étendue convenable, offrirait une nouvelle garantie, qui permettrait surtout, de décider entre les deux examinateurs, s'il arrivait que leurs opinions vinssent à se contredire.

Jusqu'à cette époque, les examinateurs de l'École polytechnique avaient été chargés d'interroger aussi les candidats à l'École de Saint-Cyr. L'accroissement de travail que le nouveau système d'examen devait leur donner ne leur permettant plus de se charger de cette double tâche, l'École de Saint-Cyr dut pourvoir, par d'autres voies, au choix de ses élèves. Nous tirerons parti, plus loin, des expériences qu'elle a tentées.

Il serait inutile à notre sujet de rappeler le mode de classement qui fut alors arrêté, pour combiner entre elles les listes de mérite, présentées par les deux examinateurs d'une même tournée, et avec les numéros de mérite des compositions mathématiques et littéraires ; les objections auxquelles ce mode donna lieu, et celui qui lui fut presque aussitôt substitué. Nous ferons seulement remarquer que la difficulté de combiner entre elles les deux listes générales, provenant des examens des deux tournées, subsistait toujours ; que le nouveau mode n'y remédiait en aucune façon, et que, après avoir réglé le mode de formation de la liste de chaque tournée, on prescrivait simplement, quant à l'intercalation des deux listes, « qu'on la déterminerait, chaque année, selon le mode qui paraîtrait le plus équitable en raison des circonstances. »

Ce n'est pas sans étonnement qu'on voit intervenir, dans les discussions auxquelles donna lieu cette transformation du système d'examen, ce singulier argument : qu'en établissant deux examens distincts, on s'exposait à l'inconvénient de voir surgir, entre les différents examinateurs, de graves discordances, qui pourraient jeter le jury d'admission dans de sérieux embarras. Il ne s'agit pas, en effet, de faire des examens bons en apparence, mauvais au fond, mais dont l'injustice soit masquée par l'absence de tout contrôle. Lorsqu'un mode d'examen présente des abus, il faut tout faire pour s'en assurer et pour y remédier, loin de chercher à se les dissimuler. Si donc on craignait que, dans les examens isolés, il ne fût quelquefois porté des jugements précipités et injustes, ce devait être une raison de plus pour établir un contrôle sévère de ces examens.

Le nouveau mode n'a pas laissé de révéler, en effet, des difficultés sérieuses. Trop souvent, le même candidat s'est trouvé placé sur deux listes à des rangs tellement différents que, suivant l'une d'elles, il aurait dû être reçu à l'École dans les premiers rangs, et suivant l'autre, exclu de toute admission Chaque année, le jury s'est trouvé appelé à prononcer sur des cas semblables et trop nombreux.

Aussi, a-t-on fréquemment réclamé de nouvelles modifications.

L'an dernier, le Conseil de perfectionnement, frappé des
incertitudes que présentait le classement définitif d'un
élève, qu'on voyait parfaitement noté par un examinateur,
et déclaré inadmissible par l'autre, rechercha s'il n'y aurait pas avantage à faire porter les deux examens successifs
sur des parties distinctes des programmes. Il lui parut que
la nécessité où se trouvait chaque examinateur, de porter
un jugement sur la manière dont un élève comprenait
l'ensemble des cours inscrits au programme, et cela par
une seule épreuve d'une heure et demie au plus, devait les
obliger à glisser trop rapidement sur chacune des parties
pour que leur jugement eût toute la certitude désirable, et
que de là venaient, sans doute, les différences considérables qu'on remarquait trop souvent entre eux. Il fut donc
décidé que les matières de l'examen seraient partagées en
deux, suivant la division naturelle établie par la diversité
des connaissances, afin que chaque examinateur ayant à
interroger sur un moins grand nombre d'objets, pût les
approfondir davantage. L'un des deux examinateurs dut
interroger sur l'arithmétique, l'algèbre et l'analyse appliquée; l'autre sur la géométrie élémentaire, la géométrie
descriptive, la trigonométrie et la statique. Une influence
égale fut attribuée à chacun de ces examens, pour la formation de la liste commune à une tournée. Il fut, en outre,
arrêté qu'un candidat, déclaré inadmissible par l'un des
examinateurs, ne pourrait, quel que fût d'ailleurs son
rang sur la liste moyenne, être admis à l'École, sinon sur
une décision spéciale du jury et après discussion.

C'est ce nouveau mode qu'on a mis cette année en pratique pour la première fois, et dont les résultats définitifs
ne sont point encore connus. Bien qu'il constitue un retour
à la pensée première du Conseil d'instruction, il n'a point
été adopté sans opposition par le Conseil de perfectionnement. Il est douteux, en effet, que ce système, qui sacrifie
une partie des avantages du précédent, remédie suffisamment à ses inconvénients. On peut prévoir, il est même aujourd'hui certain, que les classements présentés par les

examinateurs d'une même tournée, offriront des anomalies considérables. Or, comment le jury d'admission s'y prendra-t-il, dans ce cas, pour prononcer l'admission ou le refus de l'élève? Lorsque, dans les années précédentes, les examinateurs avaient interrogé tous deux sur la même matière, on pouvait, par la comparaison de leurs procès-verbaux, démêler quel était celui dont l'examen avait été plus précis sur un point donné, et en faveur de l'opinion duquel il fallait faire pencher la balance; on ne manquait pas, d'ailleurs, de consulter, de relire la composition mathématique, et on y trouvait de nouveaux éléments pour se déterminer. Mais aujourd'hui que les deux examinateurs auront interrogé sur des matières complétement distinctes, comment pourra-t-on comparer leurs opinions, et quelle raison aura-t-on de faire fléchir l'une plutôt que l'autre? S'il arrive que celui des examinateurs qui a interrogé sur la statique, déclare qu'un élève ne la sait pas, et qu'il doit être exclu par cette seule considération, ainsi que le veut le règlement, dès qu'un élève ignore complétement l'une des parties du programme, quel moyen aura-t-on de contrôler cette opinion, qui entraîne pour le candidat une conséquence si extrême? L'opinion de l'autre examinateur ne pourra point être invoquée, puisqu'il n'aura pas interrogé sur la statique. Recourra-t-on à la composition mathématique écrite? Mais on l'a supprimée et remplacée par un problème de géométrie descriptive! On peut donc prévoir qu'avec le nouveau mode, les inconvénients de l'examen unique, qu'on a proscrit en 1857, se renouvelleront fréquemment, et que trop souvent la carrière d'un élève dépendra d'une appréciation unique, sans contrôle et sans appel.

En présence de toutes ces incertitudes, de toutes ces variations, la Commission conclut qu'un bon mode d'examen est encore à trouver; d'autant plus qu'on n'a jamais rien fait pour remédier à l'embarras de combiner les listes des deux tournées différentes, et qu'en laissant, sur ce point, au jury d'admission, liberté pleine et entière d'agir chaque année suivant les circonstances, on n'a certainement pas résolu la difficulté. On comprend même que le jury ait décliné, autant que possible, la responsabilité qu'on lui laissait d'un rapprochement impossible à établir. Chaque année on forme la liste générale en prenant les deux premiers de chaque liste, puis les deux seconds, et ainsi de suite, en tenant compte, soit du nombre des candidats inscrits dans chaque tournée, soit du nombre de ceux qui ont subi les épreuves. On ne déroge à cet ordre qu'à l'égard des élèves qui, étant très-bien classés par un examinateur, et très-mal au contraire par l'autre, ne seraient pas reçus si on les laissait à leur rang moyen, et sur lesquels intervient une décision spéciale du jury. Mais, comme on le voit, cette décision a réellement pour objet de changer le rang du candidat sur la liste de tournée, et nullement de modifier le mode d'intercalation des listes des deux tournées dites de l'Est et de l'Ouest.

La base de ce mode d'opération repose sur l'hypothèse, assez gratuite, que, dans chacune des deux tournées, les élèves sont de même force; en sorte que, s'ils pouvaient être classés dans une liste générale suivant l'ordre rigoureux de leur mérite réel, les cent premiers de cette liste contiendraient cinquante candidats d'une tournée et cinquante de l'autre. La tournée dite de l'Est, renferme sept centres d'examen, savoir : Paris, Douai, Metz, Strasbourg, Dijon, Lyon et Marseille, comprenant trente-sept départements et, en outre, la Corse et l'Algérie. La tournée dite de l'Ouest, renferme huit centres d'examen, savoir : Paris, Rouen, Rennes, la Flèche, Angoulême, Bordeaux, Toulouse et Montpellier, comprenant quarante-neuf départements. Pourquoi cette répartition? Il serait assurément fort difficile de la légitimer complétement.

Ce n'est pas tout : on voit la ville de Paris figurer sur les deux tournées; c'est qu'elle présente à elle seule beaucoup plus de la moitié du nombre total des candidats, et qu'elle fournit plus des deux tiers des élèves admis; deux conditions qui ne permettent pas d'attribuer en entier ses candidats à une seule tournée. On en fait donc, par la voie du sort, une répartition qui introduit dans ce système un nouvel élément d'incertitude. Simplifions ces données, pour mieux apprécier les anomalies auxquelles cette marche peut et doit conduire.

Faisons abstraction de la province, et supposons qu'il

s'agisse simplement de déterminer, parmi les 400 candidats que présente la ville de Paris, les 70 plus forts. Admettons que, dans ce but, on les partage en deux séries de 200 candidats, et qu'on opère, dans chacune d'elles, un classement particulier. Pourra-t-on, ainsi qu'on le fait à l'École polytechnique, considérer les 35 premiers de chacune de ces listes partielles, supposées exemptes de toute erreur, comme les 70 plus forts de l'ensemble des 400 candidats. Pour qu'on fût en droit de se le permettre, il faudrait supposer que la distribution par le sort, qui préside à la formation des deux séries, répartira toujours entre elles, d'une manière égale, les 70 élèves les plus forts. Or, c'est très-certainement ce qui n'aura pas lieu ; et la théorie des chances indique suffisamment que, sur un grand nombre d'épreuves, il se produira des écarts très-considérables. Nous avons voulu, toutefois, faire quelques essais sur ce point, et expérimenter si, en répartissant, par la voie du sort et en deux séries égales en nombre, 400 boules, dont 70 figuraient nos 70 élèves les plus forts, il entrerait effectivement 35 de ces dernières dans chacune des séries. Si, dans l'une des quatre épreuves que nous avons faites, il en a été effectivement ainsi, dans deux autres, 37 des 70 premières boules se sont trouvées dans une série et 33 dans l'autre, et dans une quatrième épreuve, pour laquelle, d'ailleurs, les boules avaient été mêlées plusieurs fois avec le plus grand soin, 44 boules se sont trouvées d'un côté et 26 de l'autre. En sorte que, dans ce dernier cas, qui n'est certainement pas le pire de ceux qui pourraient se présenter, même dans un petit nombre d'épreuves, 9 élèves des plus forts auraient nécessairement été rejetés par suite du mode adopté, et 9 élèves plus faibles qu'eux, admis à leur place. Il ne nous paraît pas qu'on puisse soutenir un système dans lequel le hasard a une telle part. Personne n'oserait, au reste, invoquer la complication que l'adjonction de la province vient introduire dans ce mode, et la considérer comme une cause d'atténuation de ces erreurs ; car il n'est que trop clair qu'elle peut les augmenter tout aussi bien que les diminuer.

On voit donc quelles sont les conditions que devra réaliser un bon système d'examen. Les candidats devront y être jugés d'une manière uniforme, d'après une échelle commune, et ces jeux du hasard, auxquels on a laissé trop de prise, n'y devront avoir aucune part. La commission qui étudia cette question, en l'an XIII, fut conduite à reconnaître que la première condition nécessaire pour assurer ces avantages, était que tous les élèves fussent soumis à une même juridiction. Malheureusement elle crut que cela était impossible, et nous aurions pu le penser nous-mêmes, si l'expérience n'avait déjà prouvé le contraire. Nous avons dit qu'en 1837 l'École de Saint-Cyr, privée du concours des examinateurs de l'École polytechnique, fut obligée d'aviser à faire classer autrement ses candidats. Après différentes tentatives, plus ou moins heureuses, elle osa, malgré le nombre immense des concurrents, qui est plus que double de celui des candidats à l'École polytechnique, essayer d'une classification uniforme de tous les élèves admissibles, faite par une seule commission. Cet essai a réussi ; le nouveau mode d'examen fonctionne depuis cinq ans, sans avoir soulevé aucune réclamation sérieuse ; il a, au contraire, pris faveur, aussi bien près des familles qu'auprès des divers chefs d'institution. Rappelons ici les bases principales de ce système, extraites du règlement publié par le ministre de la guerre.

Art. 1er. Les épreuves pour l'admission à l'École spéciale militaire consistent en compositions écrites et en examens oraux.

Art. 2. Il y a deux degrés d'examen oral. L'examen du premier degré a pour objet spécial de constater si les candidats ont l'instruction suffisante pour être admis à l'examen du deuxième degré. L'examen du second degré n'est subi que par les candidats déclarés admissibles ; il sert à les classer par ordre de mérite.

Art. 5. Les compositions se font le 14 et le 15 juin dans les chefs-lieux de département, et, en outre, dans les villes ou chefs-lieux d'arrondissement désignés ci-après : Alger, Bastia, Béziers, Brest, Brives (Corrèze), Castres (Tarn), Cherbourg, Douai, La Flèche, Lorient, Reims, Rochefort, Saint-Omer, Toulon, Vendôme. Elles sont dirigées, dans chacune de ces localités, par un ou plusieurs officiers. A Paris, les examinateurs prendront part à cette surveillance.

5.

ART. 9.... A Paris, la durée des compositions peut se prolonger au delà du 15 juin, mais seulement dans le cas où cette disposition serait commandée par le grand nombre de candidats et par la difficulté de les réunir tous les 14 et 15 juin.

ART. 10. Les compositions et dessins terminés sont remis, séance tenante, à l'officier, qui y appose son visa.

ART. 11. Les officiers chargés de recueillir les compositions les envoient au ministre de la guerre, lorsqu'elles sont toutes terminées; ils y joignent une liste des candidats, indiquant ceux qui ne les auraient pas fournies toutes. A Paris, les compositions sont envoyées successivement lorsqu'elles sont faites.

ART. 12. Le candidat qui n'a pas fait toutes les compositions et le dessin, ne peut être admis à subir les examens oraux.

ART. 13. Les compositions sont soumises à une commission spéciale, composée de la manière suivante : un général de division, président; le général commandant l'École; le directeur des études de l'École; deux examinateurs étrangers au corps enseignant de l'École; deux membres étrangers aux examinateurs et au corps enseignant de l'École.

Cette commission établit la liste des candidats qu'elle juge, d'après cette première partie des épreuves, ne pas posséder l'instruction exigée pour être admis aux examens oraux. Elle ne perd pas de vue, toutefois, que ces examens sont l'épreuve la plus décisive, et qu'il importe de mettre beaucoup de réserve dans les exclusions motivées par les compositions. Les candidats portés sur cette liste, en sont informés par l'entremise des préfets des départements où ils étudient. Les candidats qui ne reçoivent aucun avis doivent se tenir prêts à subir l'examen du premier degré.

ART. 17. L'examen du premier degré se compose de deux épreuves orales, l'une sur les mathématiques devant deux examinateurs, dont l'un interroge sur l'arithmétique, l'algèbre et la trigonométrie, l'autre sur la géométrie, la géométrie descriptive et la cosmographie; la seconde épreuve, qui a lieu devant un troisième examinateur, roule sur l'histoire, la géographie et l'allemand. Ces trois interrogations sont faites dans trois salles séparées. Les deux examinateurs du premier degré sont nommés par le ministre. Ils doivent être dans les conditions déterminées par l'article 27 ci-après, paragraphe 2.

ART. 18. L'examen du premier degré commence à Paris, le 10 juillet, et ensuite dans les villes, aux époques que fixe le ministre et qui sont publiées dans le courant d'août.

Art. 21. L'examen roule sur les matières du programme, groupées par numéros dans des questionnaires dressés à l'avance. Les questions sont tirées au sort par chaque candidat. Lorsque l'examinateur a fait une des deux questions correspondantes au numéro déterminé par le sort, il conserve encore la faculté de poser toutes les questions qu'il juge nécessaires pour s'éclairer sur les connaissances du candidat.

Art. 22. Quel que soit le peu de temps que chaque examinateur juge lui être nécessaire pour apprécier le mérite d'un candidat, la durée totale de l'examen ne doit jamais être moindre d'une demi-heure pour les mathématiques, et d'une demi-heure pour les lettres, à moins que le candidat ne renonce de lui-même.

Art. 23. A la fin de chaque séance, un des deux examinateurs de mathématiques, après avoir pris l'avis de son collègue, s'entend avec l'examinateur de littérature pour désigner les candidats admissibles à l'examen du deuxième degré. Ils ne doivent exclure que les candidats nuls ou très-faibles. Un candidat ne peut être déclaré admissible, s'il n'est jugé tel, séparément, pour les mathématiques et pour les lettres. Les examinateurs, avant de prononcer leur jugement, consultent, pour s'éclairer, les compositions des candidats, qui leur sont remises à cet effet. Toutefois, ils ne donnent pas de numéros de mérite à ces compositions.

Art. 24. Chaque candidat reconnu admissible reçoit, le lendemain de son examen, un certificat conforme au modèle annexé au présent règlement, et qu'il signe en le recevant.

Art. 25. A la clôture des examens de chaque localité, les examinateurs adressent directement au ministre de la guerre, les épreuves écrites des candidats admissibles, ainsi que les procès-verbaux constatant les examens subis par tous les candidats.

Art. 26. Ils dressent en commun, dans l'ordre du tour d'examen, la liste des admissibles de chaque localité : cette liste doit être remise au président du jury du deuxième degré.

Art. 27. L'examen du deuxième degré succède à l'examen du premier degré à quelques jours d'intervalle. Il est fait par un jury composé : 1° de deux officiers, dont un au moins pourvu d'un grade supérieur à celui de capitaine ; le plus élevé en grade est président ; 2° d'un professeur de sciences ou de belles-lettres, choisi parmi ceux qui ne participent à aucun des exercices qui ont pour but de préparer des candidats à l'École spéciale militaire. L'un de ces trois membres doit savoir l'allemand. Ils sont nommés par le ministre de la guerre.

ART. 28. Les candidats porteurs de certificats d'admissibilité, subissent seuls l'examen du second degré.

ART. 29. L'examen du second degré commence à Paris le 13 juillet, et ensuite dans les villes, aux époques que fixe le ministre, et qui sont publiées dans le courant d'août.

ART. 30. Les candidats sont appelés à subir l'examen dans l'ordre de la date et subsidiairement du numéro de leur certificat d'admissibilité.

ART. 31. L'examen du second degré consiste en interrogations sur toutes les parties du programme des connaissances exigées.

ART. 32. Les dispositions des articles 20 et 21, concernant l'examen du premier degré, sont applicables à l'examen du second degré.

ART. 33. Les réponses des candidats sont notées, par chacun des membres du jury, d'un numéro de mérite, compris dans l'échelle de 0 à 20, sur un bulletin imprimé portant le nom du candidat.

A la fin de chaque séance, ils multiplient le numéro de mérite qu'ils ont attribué aux réponses sur chacune des cinq parties du programme (mathématiques, cosmographie, histoire, géographie, allemand), par le coefficient affecté, par l'article 37 ci-après, à la faculté à laquelle il correspond. Le président du jury recueille les bulletins et transcrit en présence de ses collègues, en regard de la signature de chaque candidat et pour chaque nature d'examen, le nombre de points portés sur les trois bulletins des membres du jury du second degré; il fait l'addition de ces nombres de points et en prend le tiers pour avoir la moyenne.

L'addition des cinq moyennes pour les mathématiques, la cosmographie, l'histoire, la géographie et l'allemand, donne le chiffre total obtenu par le candidat dans les examens oraux. On établit de cette manière, un procès-verbal pour chaque localité. Si le candidat est bachelier ès sciences ou ès lettres, ou s'il est militaire, on en fait mention à la suite de son nom.

ART. 34. Les bulletins particuliers et le procès-verbal des examens d'une localité, sont adressés au ministre par le président du jury, immédiatement après la clôture de l'examen dans cette localité.

ART. 35. Les professeurs ou répétiteurs de l'École, délégués pour le jugement des compositions et dessins, dressent une liste des candidats admissibles, en suivant l'ordre dans lequel ont été subis les examens du second degré, pour chaque localité, et inscrivent, en regard de chaque nom, le numéro de mérite de chacune des catégories d'épreuves, multiplié par le coefficient affecté à cette catégorie.

ART. 36. Le président du jury du second degré adresse au ministre de la guerre, un rapport présentant le compte rendu des opérations de ce jury, et ses observations.

ART. 37. Les coefficients sont fixés ainsi qu'il suit, tant pour les examens oraux que pour les compositions : 1° *Examens oraux*. Arithmétique, 20 ; algèbre, 16 ; géométrie élémentaire, 20 ; trigonométrie, 16 ; géométrie descriptive, 10 ; cosmographie, 12 ; histoire, 20 ; géographie, 16 ; allemand, 14. 2° *Compositions*, française et dictée, 15 ; latine, 6 ; mathématiques, 6 ; allemande, 4 ; dessin, 6.

ART. 38. Le classement définitif des candidats est fait par un jury spécial d'admission, composé ainsi qu'il suit : un officier général, président ; le général commandant l'École ; le directeur des études ; les membres du jury d'examen du deuxième degré, et un des examinateurs du premier degré, choisi par le ministre.

ART. 39. Le jury d'admission réunit en un seul nombre, les divers numéros de mérite donnés à chaque candidat, 1° à la suite de l'examen oral du deuxième degré ; 2° pour le dessin et les compositions écrites ; et, d'après la comparaison des nombres ainsi obtenus, forme le classement définitif des admissibles.

Si dans ce classement, plusieurs candidats se trouvent sur la même ligne, le jury donne successivement la préférence à ceux qui ont obtenu un numéro plus élevé, 1° dans l'examen oral du deuxième degré ; 2° en composition mathématique ; 3° en compositions littéraires ; 4° en dessin.

ART. 40. Le général, président du jury, adresse au ministre la liste par ordre de mérite des candidats admissibles, ainsi que le procès-verbal des opérations du jury, en ce qui concerne la formation de cette liste.

On ne peut guère mettre en doute que ce système, qui s'applique à 1900 candidats, inscrits pour l'École de Saint-Cyr, ne fût applicable à l'École polytechnique. Examinons toutefois ce point avec détail. De 1842 à 1849 inclus, il a été inscrit, pour le concours d'admission à l'École polytechnique, 6062 candidats, soit en moyenne, par an, 759 ;

il en a été examiné 4351 , soit, en moyenne , 544 : il y a donc eu, par an, 215 renonciations volontaires. Le chiffre de 544 candidats ayant subi l'épreuve, est une limite qui ne sera pas de longtemps dépassée , la loi du 5 juin 1850 devant réduire le nombre des candidats militaires, puisqu'elle exige deux ans de service réel et effectif.

La durée totale de l'examen a été de 68 jours, du 20 juillet au 25 septembre ; mais ce temps est un peu plus considérable que ne l'exigeraient rigoureusement les besoins de l'opération. En effet, en consacrant 9 heures par jour à l'examen, à raison de 1 heure 1/2 par candidat, chaque examinateur peut examiner 6 candidats par jour. Or, les 544 candidats étant partagés en deux tournées, chaque tournée en comprendrait 272 qui pourraient être examinés en 46 jours, et comme il suffirait de 16 jours pour le voyage, la durée totale de l'opération n'exigerait que 62 jours au lieu de 68.

En supposant que le système en usage à l'École de Saint-Cyr eût été adopté depuis 8 ans pour l'École polytechnique, il aurait produit les résultats suivants : chaque examinateur du premier degré aurait dû examiner en 46 jours le total des 544 candidats ou 12 candidats par jour[1] ; et en calculant une journée de 9 heures , chaque candidat aurait eu 3/4 d'heure d'examen devant chaque examinateur, ou 1 heure 1/2 devant les deux examinateurs du premier degré, ce qui est suffisant et au delà pour apprécier l'instruction d'un candidat d'une manière absolue, c'est-à-dire sans exprimer par un chiffre son degré de mérite.

On doit admettre que, par ce premier examen, 249 candidats auraient été déclarés inadmissibles (il y en a eu 239 sur 517 en 1849), et il serait resté 295 admissibles à examiner et à classer par le jury du deuxième degré. En 46 jours , et en comptant encore la journée de 9 heures, le jury aurait pu examiner et classer, en moyenne, 6 2/5 candidats

---

1. Pour les examens de Saint-Cyr, les examinateurs du premier degré voient de 15 à 16 candidats par jour. La moyenne de chaque examen est d'une demi-heure ou, en tout, une heure pour chaque candidat.

par jour, et accorder à l'examen et au classement de chaque candidat à peu près 1 heure 1/2[1].

Le tableau ci-après, dans lequel on a calculé les effets de ce système, en le supposant appliqué aux 517 candidats qui ont subi les examens de l'École polytechnique en 1849, donne les mêmes résultats avec plus de détails.

En résumé, les examinateurs du premier degré, commençant les examens le 20 juillet, auraient eu besoin de soixante-quatre jours, y compris vingt et un jours de voyage ; ils seraient donc rentrés à Paris le 21 septembre. Le jury du deuxième degré, commençant les examens le 22 juillet, aurait eu besoin de quarante-six jours, plus vingt et un jours de voyage, ou soixante-sept jours. Il aurait donc été de retour le 24 ou le 25 septembre. Encore doit-on faire observer que les calculs ont été faits de manière à laisser le plus de temps possible aux examinateurs : il est évident, par exemple, que le temps consacré au voyage pourrait être réduit. On pourrait aussi supprimer certains centres, ce qui abrégerait les tournées. Enfin, lors même que MM. les examinateurs ne seraient de retour que dans les premiers jours d'octobre, cela ne présenterait nul inconvénient, puisque l'entrée des nouveaux élèves à l'École ne doit avoir lieu que le 5 novembre. (*Voir le tableau* A, *page* 121.)

Ces considérations établissent, au point de vue des nécessités matérielles du temps, la possibilité de faire juger l'ensemble des candidats par une seule commission. Aussi, toutes réserves faites sur quelques améliorations, dont le système paraît susceptible à l'égard des examens de l'École polytechnique, la commission a-t-elle reconnu, à l'unanimité, qu'il était à désirer que le mode d'admission pratiqué pour l'École de Saint-Cyr fût appliqué aux candidats à l'École polytechnique.

Les compositions écrites sont faites à la même époque, dans les chefs-lieux de département et dans quelques villes importantes, vingt-cinq jours avant l'ouverture des

---

1. Le jury du deuxième degré a, pour Saint-Cyr, examiné environ 7 candidats par jour et donné 1 heure 1/4 à l'examen.

épreuves orales par les examinateurs du premier degré. Les compositions écrites pour l'admission à l'École polytechnique, devraient donc avoir lieu le 25 juin, pour toute la France; tandis que les examens oraux, qui s'ouvriraient, à Paris, vingt-cinq jours plus tard, n'auraient lieu que trois mois après dans certaines parties de la France. Cette disposition nous paraît introduire inutilement plusieurs difficultés. Peut-être n'en est-ce pas une, d'appeler ainsi les candidats au chef-lieu et dans quelques villes spéciales; ils s'y trouvent déjà presque tous. Nous n'oserions en dire autant de la nécessité où l'on se trouve d'organiser à la fois, dans cent villes différentes, des moyens de surveillance dont on puisse répondre, pour l'exécution des compositions écrites : cette surveillance demande des conditions spéciales qu'on ne peut se flatter de rencontrer dans tous les chefs-lieux, et sans lesquelles cependant les compositions écrites perdent toute leur valeur. Les candidats sont trop peu nombreux dans les chefs-lieux; leurs familles y sont trop influentes, trop en relations de tous les jours avec ceux qui seront chargés de la surveillance, pour qu'il n'y ait pas lieu de redouter des complaisances fâcheuses; si l'on en croit une opinion très-répandue, elles se seraient plusieurs fois produites.

Mais le plus grave inconvénient à la fixation des compositions au 25 juin, serait qu'elles devraient être exécutées avant la fin des cours, et, pour certains élèves, trois mois avant le moment où ils passeraient leur examen définitif. Les candidats se trouveraient ainsi placés dans des conditions trop dissemblables. Si l'on admet que tous les cours faits sur les différents points de la France sont également avancés au mois de juin, il resterait trois mois à certains élèves, pour se préparer à l'examen définitif, tandis que d'autres ne disposeraient que de vingt-cinq jours; si l'on suppose, au contraire, qu'au 25 juin, les cours de Paris sont terminés, tandis que ceux des provinces éloignées ne le sont pas encore, on se trouverait avoir fait exécuter, à des jeunes gens placés dans des conditions différentes, des compositions qui devraient éliminer définitivement certains d'entre eux, et entrer dans le classement des autres. Nous préférerions donc qu'on conservât, à l'égard des compositions, l'usage actuel de l'École polytechnique, qui est de les faire exécuter toutes au centre d'examen, dans les quatre jours qui précèdent l'arrivée des examinateurs.

En fixant l'exécution des compositions à une époque fort antérieure à l'ouverture des examens, l'École de Saint-Cyr obtient, il est vrai, cet avantage que les compositions peuvent être envoyées à Paris, jugées et marquées chacune d'un numéro qui doit servir, non-seulement au classement définitif, mais encore aux examinateurs du premier degré, pour les guider dans leurs éliminations; tandis que, si les compositions ne sont faites que la veille de l'arrivée des examinateurs du premier degré, et leur sont ainsi remises sans correction préalable, ils seront obligés de les lire avant d'en pouvoir faire usage, pour simplifier leur travail d'élimination. Si l'on craint que cette condition ajoute trop à leur travail, pour qu'ils puissent le terminer en temps utile, nous préférerions qu'on commençât les examens quelques jours plus tôt, et qu'on ne fît pas exécuter les compositions vingt-cinq jours avant leur ouverture. Il suffirait, sans aucun doute, que les examinateurs du premier degré commençassent leur tournée vers le 12 ou le 15 juillet.

Il ne faut pas, en effet, s'exagérer l'étendue du travail qu'exigerait, non pas la correction définitive des compositions, mais bien une simple inspection propre à faciliter et à abréger les examens du premier degré. Pour plus de 500 élèves, la lecture sommaire de la question d'analyse appliquée, suffirait pour montrer que l'étude de l'ensemble de leurs compositions ne pourrait dispenser de les admettre à l'examen du premier degré. Sur les 250 autres, une centaine ne donnera également lieu à presque aucun travail, parce que la nullité de la majeure partie des compositions les plus importantes permettra de les exclure plus immédiatement. Resteront donc les compositions intermédiaires, qui réclameront une lecture plus attentive de la part des examinateurs. Nous accorderions d'autant plus volontiers la fixation de l'ouverture des examens au 12 ou au 15 juillet, que ce déplacement peut être indispensable à un autre titre, si l'on veut que les examens des différentes écoles commencent à la même époque, ainsi que nous le réclamons. Ces cinq jours enfin, ajoutés également au temps dont peuvent disposer les examinateurs du second degré, rendront leur classement d'autant plus certain.

La nature des compositions écrites qu'on exige aujourd'hui pour l'admission à l'École polytechnique, a souvent varié. Après avoir, pendant longtemps, demandé une composition écrite sur les mathématiques, on l'a, cette année, remplacée par une composition sur la géométrie descriptive. Si les compositions ne devaient servir qu'à faciliter le travail d'élimination, nous ne verrions aucun inconvénient à les faire porter exceptionnellement sur quelques parties. Mais elles doivent aussi entrer dans le classement; et, dès lors, il convient de les étendre indistinctement à toutes les parties exigées. Cela pourrait offrir des difficultés, à cause de la longue durée qu'il faudrait leur donner, si l'on entendait proposer aux élèves, sur chaque partie, des problèmes dont la résolution exigerait de longues réflexions. Mais c'est ce que nous ne voulons pas. Outre que nous craindrions qu'on ménageât, par là, un prétexte à ceux qui prétendent maintenir des difficultés d'enseignement dont il est urgent qu'on sorte, nous pensons qu'un jeune homme qui sait que sa carrière va dépendre de l'épreuve à laquelle il est soumis, n'est point assez libre de sa pensée pour l'exercer à la résolution de problèmes abstraits. Les questions proposées dans les compositions écrites seront donc, comme les questions des examens oraux, de celles que les élèves devront connaître, parce qu'elles sont inscrites aux programmes; il leur suffira de prendre la plume pour y répondre, après cinq minutes de réflexion. Mais alors, 24 heures suffiront parfaitement pour exécuter les compositions ainsi entendues; ce temps est précisément celui qu'on consacre aujourd'hui aux compositions écrites.

Ces 24 heures pourront être réparties en 7 séances qui demanderont 3 jours 1/2 de travail. On aura soin d'y combiner les questions de manière à ce que celles qui peuvent présenter quelque difficulté, alternent avec des questions ou des exercices plus simples, afin de reposer l'esprit des élèves. On pourrait, par exemple, disposer ces séances comme il suit :

1re SÉANCE.

Arithmétique. . . . . 1 heure.
Géométrie. 1
Latin. 1
     TOTAL. 3   ci. 3 h.

2º SÉANCE.

Algèbre. 1
Histoire, géographie et français. . . 3
     TOTAL. 4   ci. 4,

3e SÉANCE.

Géométrie descriptive et épure. . . 4   ci. 4

4e SÉANCE.

Mécanique. 1
Physique, chimie, cosmographie. . . 2
     TOTAL. . . . 3   ci. 3

5e SÉANCE.

Analyse appliquée. . . . . $1\frac{1}{2}$
Thème allemand. . . . . $1\frac{1}{2}$
     TOTAL. . . . 3   ci. 3

6e SÉANCE.

Résolution du triangle, calcul logarithmique. 3   ci. 3

7e SÉANCE.

Dessin. 4   ci. 4

     TOTAL. . .   24 h.

S'il eût été presque impossible de faire surveiller convenablement l'exécution de ces compositions, pour en assurer la sincérité, dans tous les chefs-lieux de département et dans douze autres villes, on y arrivera, au contraire sans embarras, dans les quinze centres d'examen, où l'on trouvera toujours des officiers et des ingénieurs, anciens élèves de l'École polytechnique, comprenant toute l'importance de la mission qui leur sera confiée, et la remplissant avec la rigueur commandée par la justice qu'on doit aux candidats. Ce n'est qu'à ce prix qu'il nous sera possible de faire entrer les compositions écrites pour quelque chose dans le classement définitif. S'il arrivait qu'on se servît, dans la première élimination des candidats inadmissibles, de compositions qui ne fussent pas leur œuvre, il n'en résulterait qu'une perte de temps pour les examinateurs ; car les candidats inhabiles qui seraient ainsi parvenus à obtenir de passer les examens oraux, y viendraient infailliblement échouer. Il en est autrement pour le classement définitif. Avant d'y faire entrer les compositions écrites, il est nécessaire qu'on soit bien assuré qu'elles sont l'œuvre des candidats.

Les compositions, mises sous enveloppes scellées, et en présence des élèves, à la fin de chaque séance, seront conservées par le préfet, et remises aux examinateurs du premier degré au moment de leur arrivée.

Quels seront ces examinateurs du premier degré? Nous regardons comme tout à fait indispensable, qu'ils soient, l'un et l'autre, capables d'interroger sur toutes les matières exigées, s'ils ne sont qu'au nombre de deux, comme on le croira peut-être suffisant. Autrement, ce contrôle que nous désirons voir établir partout, afin que la destinée des candidats ne dépende jamais d'une épreuve unique, manquerait ici. Que pourraient faire, en présence l'un de l'autre, deux examinateurs, dont l'un eût interrogé exclusivement sur les mathématiques, l'autre sur les belles-lettres, et qui viendraient à différer d'avis sur l'admissibilité du candidat aux examens du second degré? Nous n'oserions proposer de considérer le *veto* de l'un des deux, comme entraînant une exclusion qui n'aurait alors pour garant qu'une seule opinion.

Si, au contraire, les deux examinateurs, opérant chacun à part, se réunissent ensuite pour concerter leur décision, et que, chacun d'eux ayant interrogé sur le tout, leur opinion vienne à concorder, soit pour l'admissibilité, soit pour le refus d'un candidat, on trouvera dans cet accord une garantie contre toute chance d'erreur. Dans le cas où ils seraient d'opinions différentes, comme ils auront examiné sur les mêmes matières, ils pourront, par la discussion, s'entendre dans la plupart des cas; mais s'il leur reste la moindre incertitude, nous leur conseillerons de revoir en commun le candidat, et, pour s'éclairer, de lui poser de nouveau quelques questions sur les matières à l'occasion desquelles le désaccord s'est établi.

Ce qui constitue, en effet, la gravité des discordances qui se manifestent aujourd'hui dans les listes de classement pour l'admission à l'École polytechnique, c'est que ces différences ne sont connues que lorsque les examinateurs et l'élève ont quitté le lieu d'examen. Il est alors impossible d'y remédier, quand les examinateurs ont interrogé sur des matières diverses, et tout au moins fort difficile, lors même que leur investigation a porté sur les mêmes cours. Alors, il est vrai, on consulte et on discute les procès-verbaux d'examen; mais, comme ils ont été rédigés sous l'inspiration qui a dicté à l'examinateur son avis, quelle autre conséquence peut-on en déduire, dans la plupart des cas, sinon que les procès-verbaux eux-mêmes ne sont pas d'accord? Il n'y a qu'un moyen de sortir d'embarras : c'est de faire en sorte que les divergences d'opinion sur un même candidat, se manifestent pendant qu'il est encore sur les lieux, et qu'on peut recourir à de nouvelles questions pour terminer le débat, non pas seulement en le tranchant dans un sens quelconque, mais en le résolvant conformément à la justice et à la vérité.

Et qu'on ne craigne pas que ce nouvel examen d'un candidat, sur des points limités, puisse jeter aucune défaveur sur les examinateurs qui en agiront ainsi; au contraire, l'opinion publique accordera toute sa confiance à un jugement qu'elle saura n'être définitif que lorsqu'il aura été pris à l'unanimité. Le talent, l'instruction des examinateurs de l'École polytechnique sont connus; un examen recommencé par eux, témoignera de leur scrupuleuse conscience, et le résultat, quel qu'il soit, sera accepté comme l'expression de la justice.

L'interrogation sur la langue allemande est la seule qui exigerait un homme spécial. Cette considération ne saurait suffire pour faire renoncer aux grands avantages que nous trouvons à avoir deux examens sur tout le reste. Il ne s'agit d'ailleurs ici que d'une élimination de candidats incapables, et nous ne consentirions pas à ce que cette élimination fût prononcée sur la seule opinion d'un professeur d'allemand. Nous préférons que l'allemand ne soit pas un sujet d'élimination au premier degré. Le seul inconvénient qui en résultera, c'est que certains élèves qui auraient complétement négligé l'étude de la langue allemande, pourront néanmoins parvenir jusqu'à l'examen du second degré, où ils viendront échouer devant les questions orales qui leur seront faites sur cette langue, et auxquelles ils ne pourront répondre.

Après avoir délivré aux candidats reconnus capables, un certificat d'admission à l'examen du second degré, les examinateurs du premier degré enverront au ministre de la guerre toutes les compositions, et lui donneront connaissance des résultats de leur travail. Ces compositions seront corrigées à Paris, suivant l'usage actuel, mais avec cette différence que, au lieu de les classer par catégories, on donnera à chacune des questions d'arithmétique, de géométrie, etc., aussi bien qu'aux compositions de dessin, un numéro suivant l'échelle connue de 0 à 20. Ce travail n'aura besoin d'être fait que pour les copies des élèves déclarés admissibles à l'examen du second degré.

Les trois examinateurs du second degré siégent ensemble pour l'école de Saint-Cyr. Le temps dont une commission pareille pourrait disposer serait d'*une heure et demie* pour chacun des candidats à l'École polytechnique. Ce temps est-il suffisant? nous ne le croyons pas. Il nous paraît impossible que, dans un intervalle aussi court, une commission puisse se former une opinion suffisamment fondée, sur la manière dont les candidats possèdent chacune des dix matières sur lesquelles devraient porter les interrogations.

Nous savons que les examinateurs actuels n'accordent pas plus de temps aux élèves. Mais n'est-ce pas là l'origine des divergences qui se manifestent dans leur classement? Ce n'est pas en dix minutes, qu'on peut juger du savoir d'un élève dans la géométrie analytique, qu'il aura mis une année entière à étudier. L'obligation où l'on se trouve de porter un jugement précipité, conduit souvent à poser des questions trop difficiles, à essayer de juger l'intelligence des élèves autrement que par leurs connaissances ; et l'on sait combien il est facile de s'égarer dans cette voie.

Il nous paraît donc indispensable que les trois examinateurs du second degré interrogent, chacun à part, les candidats sur toutes les matières. Si les examens perdent à cette mesure un peu de la solennité que leur donne l'action collective d'une commission, ils y gagneront une sécurité et une certitude qui ne nous permettent pas d'hésiter sur le parti à prendre.

Un examen d'une heure et demie est insuffisant pour permettre à une commission de se prononcer sur la manière dont les élèves savent les cours, dans leur ensemble. Mais ce temps est assez long pour qu'un examinateur puisse poser à un candidat une question unique sur les connaissances inscrites au programme de chacun des cours, et donner un *numéro* de mérite à la réponse qui lui aura été faite. D'autre part, un candidat peut, sans fatigue aucune, passer trois examens de cette sorte en un jour et demi. Lorsque ces trois examens auront été subis, les examinateurs se réuniront pour comparer leurs notes. Supposons qu'elles s'accordent sur l'analyse appliquée, par exemple ; nous devrons admettre qu'elles font suffisamment connaître le degré d'instruction du candidat à l'égard de ce cours. On pourra même faire que ces questions aient certainement porté sur des parties différentes du cours, en convenant à l'avance, que chacun des examinateurs interrogera spécialement sur le premier, le second ou le troisième tiers : on arrivera ainsi à ce résultat que les candidats auront été interrogés non-seulement sur tous les cours, mais même sur chacune des divisions de ces cours. Que si les notes données à un élève, sur les questions relatives à un même cours, ne s'accordent pas, les examinateurs, dont les souvenirs seront encore présents, verront s'ils trouvent dans ces souvenirs des raisons déterminantes de sacrifier l'une des notes aux deux autres, ou bien si les trois notes doivent être maintenues, malgré leur divergence ; et enfin, s'il leur restait quelque indétermination, l'élève ayant été prévenu de ne pas se retirer avant d'en avoir reçu l'autorisation définitive, l'examen pourrait être repris sur le point en litige, ou mieux, sur quelque autre question de la même partie du cours. C'est ainsi qu'on arrivera à se débarrasser de toute influence du hasard dans le choix des candidats, et à faire qu'il ne dépende réellement que de leurs connaissances.

La note de l'examen oral pour chacune des parties, arithmétique, géométrie, algèbre, géométrie analytique, mécanique, physique, chimie et géométrie descriptive, sera la moyenne des notes attribuées aux trois questions concernant cette partie, ainsi qu'on peut le voir dans la cinquième colonne du tableau B ci-joint, page 122, tableau qui présente le calcul complet par lequel sera déterminé le numéro du mérite définitif d'un candidat. En exigeant, contrairement à ce qui s'est pratiqué jusqu'ici, que l'examen oral porte non-seulement sur les mathématiques, mais encore sur la physique et la chimie, nous avons voulu fixer l'attention des élèves sur ces sciences, ce qu'on n'obtiendra jamais, tant qu'on fera peser sur elles une sorte de défaveur en les reléguant aux épreuves écrites. Il n'en saurait résulter d'embarras dans le choix des examinateurs; car il n'est pas de géomètre instruit, qui ne sache assez de physique et de chimie, pour interroger les candidats sur ce que nous demandons de ces sciences. Toutefois, nous désirerions que, parmi les examinateurs, il s'en trouvât un dont les habitudes scientifiques fussent plus spécialement dirigées vers la physique ou la chimie : il ne manque pas aujourd'hui d'hommes spéciaux dans ces deux branches, et qui seraient parfaitement en mesure de bien interroger sur les connaissances mathématiques exigées des candidats.

Les compositions écrites comprennent un thème allemand. Cette épreuve serait à elle seule insuffisante; notre but principal n'étant pas que nos candidats puissent écrire l'allemand, mais qu'ils sachent parler cette langue. Or, il n'y a pour cela qu'un seul moyen, c'est d'exiger qu'ils soient en état de soutenir une conversation d'une difficulté et d'une étendue proportionnée à ce qu'on croira pouvoir exiger, d'année en année. Nous ne pouvons nous flatter que nos trois examinateurs connaissent l'allemand ; mais il est indispensable que l'un d'eux soit en état de faire subir aux élèves l'épreuve que nous venons d'indiquer. Pour ne pas rendre par là son examen plus long que celui de ses collègues, on pourra le décharger du soin d'interroger sur la cosmographie et sur l'histoire. C'est dans cette hypothèse qu'a été rédigé le tableau B de la page 122. Les moyennes M en cosmographie et en histoire résultent chacune de deux numéros seulement ; et le nombre attribué à l'allemand provient du jugement d'un seul examinateur.

La septième colonne est supposée renfermer les numéros de mérite, suivant l'échelle ordinaire de *zéro* à *vingt*, attribués à chacune des questions que le candidat aura traitées par écrit, ainsi qu'à la version latine et à la composition de dessin. Voyons comment il conviendra de combiner ces numéros, avec ceux provenant de l'examen oral, pour en déduire un numéro moyen et général, convenant à chaque matière, et dans lequel toutes les épreuves aient été comptées.

Considérons d'abord *l'arithmétique, la géométrie, l'algèbre, l'analyse appliquée, la mécanique, la physique, la chimie et la cosmographie.* L'épreuve écrite mérite, lorsqu'elle est sincère, une grande faveur. Il est cependant impossible de lui attribuer la valeur d'un examen oral, dans lequel l'examinateur peut demander à l'élève des développements sur les points où sa première réponse a laissé quelque incertitude ; et, d'un autre côté, les matières dont nous nous occupons en ce moment, sont celles sur lesquelles il est le plus difficile d'empêcher toute communication entre les élèves. Aussi ne croyons-nous pas qu'on puisse ici accorder à la composition écrite, une valeur supérieure à celle du *tiers* d'un examen. Sur cette base, on pourra former la moyenne générale en multipliant la moyenne des examens oraux par 9, et y ajoutant le numéro de la composition écrite.

Géométrie descriptive. — La composition écrite doit avoir ici plus d'influence que dans les cas précédents. Nous lui avons accordé quatre heures de durée, pour donner aux candidats tout le temps nécessaire à la convenable exécution d'une épure. Nous avons voulu par là les engager à cultiver le dessin linéaire, dont la pratique, indispensable dans les écoles d'application, sera une ressource pour ceux qui ne parviendront pas à entrer à l'École polytechnique, et qui voudront tirer parti de leurs connaissances antérieures. La composition écrite porte donc sur un objet plus étendu que l'examen oral : cette considération nous a déterminés à adopter le rapport de *sept* à *trois* pour celui des influences de la moyenne de l'examen oral et de la note de la composition écrite, dans la détermination de la moyenne générale ; d'autant plus que les candidats seront certainement obligés de faire eux-mêmes leur épure.

Histoire et géographie. — Des considérations du même genre nous font penser que le rapport de l'influence de la moyenne générale de l'examen oral à celle de la composition écrite peut être celui de *quatre* à *six*. Nous ne faisons pas, en effet, composer les candidats d'une manière spéciale sur le français. Mais ils seront prévenus qu'ils doivent apporter assez de soin dans la rédaction de leur composition d'histoire, pour qu'on puisse juger par là de leur connaissance de la langue française. La composition écrite tient donc compte du style et du talent de rédaction des candidats, ce que ne peut faire l'examen oral.

Allemand. — Si l'examen oral est unique, nous le compterons pour sept et la composition pour trois.

Calculs logarithmiques, latin, dessin. — Nous avons eu soin, dans les cas précédents, de faire en sorte que la somme des deux multiplicateurs, qui représentaient l'influence de la moyenne des examens oraux, et de la note de la composition écrite, fût constamment égale à 10, afin que, pour chacune de ces parties, l'échelle de comparaison fût uniforme, les moyennes étant toujours comprises entre *zéro* et 200. N'ayant sur les calculs, le latin et le dessin, que des compositions écrites, cotées d'après l'échelle de *zéro* à 20, il faudra multiplier ces numéros par 10 pour les ramener à l'échelle commune de *zéro* à 200.

Les coefficients d'influence des moyennes des examens oraux, se trouvent dans la sixième colonne, et ceux des compositions écrites dans la huitième. La neuvième colonne renferme les produits des nombres compris dans la cinquième et la sixième. La dixième colonne renferme les produits des nombres contenus dans la septième et la huitième. On trouve, enfin, dans la onzième, formée de la somme des nombres contenus dans la neuvième et la dixième, les numéros de mérite attribués à chacune des quatorze parties de l'examen, en tenant compte de toutes les épreuves, suivant leur degré d'importance et suivant l'échelle commune de *zéro* à 200.

Il reste à tenir compte des degrés d'influence relative qu'on veut accorder à chacune de ces moyennes. Nous regardons toutes les matières comme d'une égale importance ; mais c'est précisément à cause de cela qu'il ne serait pas juste de faire simplement la somme des moyennes, pour obtenir le numéro de mérite d'un élève. Il y a telle de ces parties qui a réclamé de lui beaucoup plus de temps que telle autre ; et si l'on veut que l'élève ait le même intérêt à les étudier toutes, il est nécessaire de tenir compte, dans la fixation de leur influence, du temps qu'elles ont exigé pour être apprises. On trouvera dans la douzième colonne, les coefficients d'importance que nous croyons convenable d'adopter. En multipliant par ces coefficients les moyennes générales de la onzième colonne, on en déduira les nombres de la treizième, dont l'addition fixera, pour le candidat, un nombre de points de mérite qui, dans l'exemple de la page 122, s'élèvent à 12.926. On verra facilement que le maximum que ce nombre puisse atteindre est égal à 17.200.

Il sera bien rare, sans doute, que, avec une telle échelle, les nombres de points de deux candidats se trouvent rigoureusement les mêmes. Mais si cela arrivait, on les placerait au même rang sur la liste d'admission. Il n'y a aucun intérêt à prononcer entre eux, sinon dans le cas où, cet *ex æquo* venant à se rencontrer à la fin de la liste, il serait nécessaire, à cause du nombre, fixé à l'avance, des élèves à recevoir, d'admettre l'un des *ex æquo* et de refuser l'autre. Dans ce cas, le jury aviserait à se prononcer, en prenant en considération la note particulière à l'un des cours, au plus important, la géométrie analytique par exemple.

Toutes les parties du programme étant rigoureusement

obligatoires, le latin excepté, et une partie ne pouvant être admise en compensation d'une autre que dans une certaine mesure, le jury devra être appelé à prendre une décision spéciale à l'égard de tout élève qui se trouverait en rang utile pour être admis, et dont la moyenne générale des épreuves sur l'une des parties, le latin excepté, serait cependant inférieure à 40. Une moyenne générale de *dix*, ou inférieure à *dix*, en arithmétique, en géométrie, en algèbre, en géométrie analytique, en mécanique, en physique, en chimie, en géométrie descriptive, en histoire, en allemand, en dessin, entraînerait nécessairement l'exclusion. Dans le cas où cette circonstance se présenterait pour le dessin, le jury devra toujours se faire représenter la composition du candidat, avant d'admettre l'exclusion. Nous rappelons que le latin n'est pas obligatoire. (*Voir le tableau* B, *page* 122.)

Les calculs compris dans ce tableau pouvant être faits à Paris, à mesure qu'y parviendront les procès-verbaux des examens, le jury d'admission s'assemblera aussitôt après le retour des examinateurs, qui en feront nécessairement partie, ainsi que le général, le colonel commandant, et le directeur des études. Nous croyons qu'il serait convenable d'appeler, en outre, à y siéger, des délégués des services publics, et plusieurs membres du Conseil de perfectionnement. En rendant compte au ministre du résultat des examens, le jury ne manquera pas d'y mentionner, d'une manière expresse, si les examinateurs se sont strictement renfermés dans les questions prescrites par les programmes, ou s'ils s'en sont écartés.

A toutes les époques, il a été recommandé aux examinateurs de se tenir rigoureusement dans les termes du programme. Dès l'année 1810, le Conseil de perfectionnement, considérant les inconvénients qu'il y avait à interroger les candidats sur des connaissances plus élevées que celles inscrites au programme, décidait qu'on ajouterait à la fin de ces programmes : « Les candidats ne seront examinés que sur les connaissances exigées. » En 1822, on rappelait cette clause aux examinateurs d'une manière plus impérative, et on leur prescrivait, en outre, d'examiner *sur toutes* les parties du programme. Combien la stricte.

observation de ces règles est plus indispensable, aujourd'hui que leur omission a amené tous les inconvénients auxquels nous cherchons à remédier !

Tel est le mode d'examen qui nous paraît le plus propre à faire disparaître les inconvénients qu'on a justement reprochés à tous les systèmes suivis jusqu'à ce jour. La base principale en est empruntée aux examens de l'École de Saint-Cyr, et les modifications que nous proposons d'y apporter tiennent, pour la plupart, à des nécessités particulières à l'École polytechnique. Nul doute qu'il ne puisse réussir ; et l'on trouverait de nouvelles facilités à le mettre en pratique, si l'on en venait enfin à adopter cette mesure que l'expérience a démontrée nécessaire, et qui a été tant de fois réclamée, de ne pas permettre à chaque candidat de passer plus de deux examens. Dès 1825, on s'occupait dans le sein du Conseil de perfectionnement, des avantages qu'il y aurait à restreindre ainsi le nombre des examens que chaque candidat peut subir. En 1837, les élèves présents à l'École, et qui avaient passé trois examens, ayant été consultés pour savoir si leur premier examen avait été suffisamment préparé, convinrent qu'il n'en avait pas été ainsi. Pour diminuer le grand nombre d'examens, sans utilité, passés par les candidats, le Conseil d'instruction proposait donc, qu'un candidat qui aurait échoué deux fois, ne pût pas se représenter une troisième. Le Conseil de perfectionnement, après avoir renvoyé l'examen de cette question à une commission, prononça dans un sens conforme à l'avis du Conseil d'instruction.

Malheureusement, la décision du Conseil de perfectionnement, dans ce cas comme dans beaucoup d'autres, ne reçut pas d'exécution. Revenant donc de nouveau sur cette question en 1842, le Conseil déplorait « ces examens multiples que subissent les candidats, examens dont un grand nombre n'a rien de sérieux, fatigue les examinateurs en pure perte, et fait entrer à l'École, quand la chance est favorable à ces sortes de candidats, des élèves dont l'instruction est incomplète. »

C'est à cette pensée que voulait donner satisfaction la commission de l'Assemblée législative, lorsqu'elle proposait de décider « que nul ne pourrait désormais prendre part à plus de deux concours pour l'admission à la même école. Lorsqu'on se rend un compte exact, disait la commission, de la valeur des épreuves subies par les candidats qui ont pris part à trois concours pour l'admission à une école militaire, on reconnaît toujours que la première de leurs épreuves a été complétement insuffisante, et que le candidat n'avait aucune chance de réussite. Les élèves qui se présentent à cette première et insignifiante épreuve savent eux-mêmes, avant de s'y soumettre, qu'elle ne peut avoir aucun résultat pour eux. Comment donc sont-ils amenés à la subir dans de telles conditions? Deux motifs les y engagent. Il y a déjà plusieurs années qu'ils étudient les mathématiques, et ils ont imposé à leurs familles des sacrifices assez lourds. Loin de Paris, ignorants des difficultés particulières de l'examen, les parents ne comprennent point qu'ils ont commis une faute en livrant leurs enfants à des études spéciales, lorsque leur âge ne leur permettait point encore d'en profiter, et que leurs fils n'entreront pas plus tôt à l'École polytechnique que s'ils avaient attendu un âge raisonnable avant de commencer ces études. Les parents réclament donc instamment, exigent qu'on tente la fortune; et c'est pour leur donner satisfaction qu'on se présente à ces premiers examens. C'est d'ailleurs un préjugé généralement répandu parmi les élèves, qu'on ne peut réussir au premier concours, qu'il faut s'habituer aux examens, et faire une sorte d'apprentissage; et ainsi beaucoup d'entre eux n'hésitent point à se présenter dans les circonstances les plus défavorables. Cet usage a l'inconvénient de compliquer outre mesure la tâche des examinateurs d'admission, et de leur faire consacrer, à des examens sans portée, un temps qu'ils eussent employé plus utilement au classement des candidats sérieux. Il n'en sera pas ainsi quand un élève ne pourra concourir plus de deux fois. Il ne s'exposera pas à perdre la moitié de ses droits dans des épreuves sans espérance. Tous les examens seront sérieux et commenceront généralement à 18 ans. »

La Commission actuelle regrette vivement qu'une mesure aussi indispensable ait encore une fois été ajournée.

Avant de quitter cette question des examens d'admission, nous regardons comme un devoir d'attirer l'attention du Gouvernement sur la situation faite, aujourd'hui, aux examinateurs. Autrefois, ils étaient permanents. Lors de la réforme de 1837, on décida que leurs fonctions ne seraient que temporaires, et qu'ils seraient soumis, chaque année, à une réélection. On comprend que, dans une situation aussi précaire, ils ne pussent renoncer aux autres fonctions qu'ils occupaient, pour la plupart, dans l'enseignement même relatif à l'admission. Il en résultait ce grave embarras, que tel examinateur était obligé de se récuser pour les élèves d'une institution, qui se trouvaient tous rejetés forcément, dans une seule et même tournée ; circonstance qui ajoutait encore, et d'une manière très-fâcheuse, aux inégalités que le sort pouvait amener dans la répartition des élèves, eu égard à leur degré de force. Dans le but de remédier à cet inconvénient, on a étendu, depuis peu, les fonctions des examinateurs à trois années, et on leur a imposé l'obligation de ne prendre aucune part à l'instruction des élèves des écoles préparatoires. Ce serait une illusion de croire que les examinateurs actuels ont renoncé à cet enseignement, à cause de la faveur qu'on croyait leur faire, en étendant leur nomination à une période de trois années. C'est une abnégation de leur part, dont on trouverait la véritable explication dans leur position scientifique ; mais ceci rendrait leur remplacement fort difficile, s'ils venaient à quitter ces fonctions. On sait combien il est dangereux, pour une administration, de choisir au rabais, pour ainsi dire, des fonctionnaires chargés d'une mission délicate et élevée, qui touche à tant d'intérêts privés. C'est un point qui demande à être réglé d'une manière définitive ; il faut, en sauvegardant les légitimes intérêts des examinateurs, donner des garanties à ceux des familles.

EXAMENS DE 1849.

Comparaison statitisque du système d'examen de l'École polytechnique avec le système actuellement en usage pour l'École de Saint-Cyr.

INDICATION DES CENTRES.	DISTANCES A PARCOURIR.	CANDIDATS EN 1849,					TEMPS DE L'OPÉRATION D'APRÈS LE SYSTÈME DE SAINT-CYR.		
		INSCRITS.	NE S'ÉTANT pas présentés.	Examinés	Inadmissibles.	Admissibles,	Durée du parcours pour une seule tournée, suivant le tarif de la poste.	Examens du 1er degré (3/4 d'heure pour un candidat devant chaque examinateur).	du 2e degré (1 heure 1/2 pour un candidat.)
	kilomètres.						heures.	heures.	heures.
Paris................	»	399	105	294	127	167	»	220 ½	250 ¼
Douai................	202	32	12	20	10	10	20	15	15
Metz................	320	56	16	40	18	22	32	30	33
Strasbourg..........	163	23	10	13	9	4	16	9 ¼	6
Dijon................	326	24	10	14	7	7	32 ½	10 ½	10 ½
Lyon................	200	49	13	36	18	18	20	27	27
Marseille............	332	18	11	7	3	4	33	5 ¼	6
Montpellier..........	169	17	12	5	2	3	16 ½	3 ¾	4 ½
Toulouse............	250	27	11	16	8	8	25	12	12
Bordeaux............	250	17	8	9	4	5	25	6 ¾	7 ½
Angoulême..........	118	20	4	16	11	5	11 ½	12	7 ½
La Flèche............	251	11	3	8	2	6	25	6	9
Rennes..............	143	30	10	20	9	11	14	15	16 ½
Rouen................	295	24	5	19	11	8	29 ½	14 ¼	12
Paris................	131	»	»	»	»	»	13	»	»
TOTAUX.....	3150	747	230	517	239	278	313	387 ¾	417
	A 150 kil. par jour, donnent 21 jours.						A 15 h. par jour, on a, de parcours, 21 jours.	à 9 h. par jour, donnent 43 jours.	à 9 h. par jour, donnent 46 jours.

1 En faisant déduction du temps économisé par le chemin de fer, d'environ 80 heures, il ne resterait plus que 208 heures, soit à 18 heures par jour, 17 jours de parcours.

(Tableau A.)

Tableau du calcul complet des points obtenus par un candidat, d'après l'ensemble des épreuves.

	EXAMEN ORAL.			MOYENNE M — Échelle de 0 à 20.	INFLUENCE m de la moyenne M.	N° C ATTRIBUÉ à la composition écrite.	INFLUENCE c de la composition écrite.	PRODUITS de M et de m.	PRODUITS de C et de c.	MOYENNE générale. — Échelle de 0 à 200.	COEF-FICIENTS d'impor-tance.	PRODUITS.
	NOTES des examinateurs.											
	1er.	2e.	3e.									
Arithmétique........	15	14	13	14	9	14	1	126	14	140	7	980
Géométrie.	12	17	14	14 ½	9	15	1	129	15	144	8	1.152
Algèbre..............	15	16	17	16	9	16	1	144	16	160	8	1.280
Géométrie analytiq.	18	19	20	19	9	19	1	171	19	190	10	1.900
Mécanique..	14	13	13	13 ½	9	15	1	120	15	135	6	810
Physique............	10	12	17	13	9	18	1	117	18	135	6	810
Chimie..............	10	12	14	12	9	13	1	108	13	121	4	484
Géométrie descript.	15	13	14	14	7	13	3	98	39	137	7	959
Cosmographie......	17	17	»	17	9	16	1	153	16	169	4	676
Histoire et français.	15	13	»	14	4	14	6	56	84	140	6	840
Allemand............	»	»	15	15	7	14	3	105	42	147	5	735
Calculs..............	»	»	»	»	»	17	10	»	170	170	5	850
Latin......	»	»	»	»	»	15	10	»	150	150	5	750
Dessin..............	»	»	»	»	»	14	10	»	140	140	5	700
TOTAL..........												12,926

(*Tableau B.*)